法 治

首席大法官賓漢如是說

湯姆·賓漢 Tom Bingham　著

陳雅晴　譯　　朱續崧　審校

商務印書館

The Rule of Law

Copyright © 2010 by Tom Bingham

This edition is published by arrangement with United Agents through Andrew Nurnberg Associates International Limited.

法治 —— 首席大法官賓漢如是説

作　　者：湯姆・賓漢 (Tom Bingham)

譯　　者：陳雅晴

審　　校：朱績崧

責任編輯：張宇程

出　　版：商務印書館 (香港) 有限公司

　　　　　香港筲箕灣耀興道 3 號東滙廣場 8 樓

　　　　　http://www.commercialpress.com.hk

發　　行：香港聯合書刊物流有限公司

　　　　　香港新界荃灣德士古道 220-248 號荃灣工業中心 16 樓

印　　刷：美雅印刷製本有限公司

　　　　　九龍觀塘榮業街 6 號海濱工業大廈 4 樓 A 室

版　　次：2022 年 4 月第 1 版第 1 次印刷

　　　　　© 2022 商務印書館 (香港) 有限公司

　　　　　ISBN 978 962 07 6690 9

　　　　　Printed in Hong Kong

序 一

　　香港繼承了英倫普通法傳統，來自該傳統的法治概念成為了港人珍惜和捍衛的核心價值之一。「法治」究竟是甚麼一回事？本書作者對「法治」的介紹的權威性、可靠性和可讀性，都無可置疑。Bingham 大法官（1933-2010）被譽為二次大戰以來英國最偉大的法官，曾任英國高等法院、上訴法院和上議院法庭（即英國的終審法院）大法官，其大量判詞中精闢的法理思維為當代英倫法的發展作出了傑出的貢獻。在本世紀初，Bingham 大法官出任英國終審法院大法官期間，對英國人權法的成長影響深遠。在本書中，Bingham 大法官由淺入深地論述「法治」概念的來龍去脈、主要元素和當代意義，我相信這些知識是現代法治社會的每一個公民都應該掌握的。本書得以翻譯成中文，在中文世界與讀者見面，可喜可賀。

陳弘毅

香港大學法學院教授

序 二

　　古往今來，不少的法律學者就法治的含義作出了不同的詮
釋，一般的理解是「有法必依」才能實踐公義及保障公民權利。
然而，正如本書作者所言，人們儘管把法治掛在嘴邊，但對它
的實際定義和了解卻並不透徹。

　　從狹義的角度看，法治為大家提供了一個尋求公正的法律
框架，讓不同身份、種族、階層、政見或宗教信仰的人都受到
法律規管。從廣義的角度來說，人們可以在法治基礎下透過法
律去保障公民權利、社會公義及其它個人權利。

　　本書作者引用了多個外國案例對法治的含義作出了詳盡
的介紹和分析，從歷史角度回溯法治的由來，繼而闡釋法治的
重要性、審視法律面前是否人人平等、權力的使用及法治如何
可保障人權、解決糾紛，以及法治和政治的關係。作者行文清
晰細緻、分析精闢，實為一不可多得之作，亦為當今法律執業
者、學子及有意投入法律行業或從事法律研究工作的人士必讀
之本。

熊運信

香港律師會前會長

目錄

前 言

2006 年,我有幸受邀擔任劍橋大學大衛・威廉斯爵士講座(the Sir David Williams Lecture)第六期的主講人。這個講座每年舉辦一次,旨在褒揚(幸而不只是追念)劍橋大學這位德高望重的法律學者、學界領袖和學院院長。主辦方慨允我自定主題。不過,此等好意總會讓我這類想像力匱乏的人為難。從小學到大學,我們習慣了每週的論文都由老師給出題目;法律行業亦不例外;要麼是客戶帶着某個問題上門來尋求解答,要麼是當事人站在法官面前,希望某一爭端得到裁決(有時則不希望得到裁決)。所以,在這之前,從來都是不自定主題的。

我最後選定了「法治」(the rule of law)作為主題。之所以選擇這個,是因為人們總是將其掛在嘴邊,至於這個詞的意義是甚麼,我卻並無把握。讓我同樣沒有把握的是,那些使用這個詞的人是否了解這個詞的意義,他們是否用它來表達同一個概念。總之,我覺得藉此逼自己來思考一下這個主題,還是很值得的,更何況近來「法治」一詞破天荒地寫入了一則英國國會法案(an Act of the British Parliament),被十分鄭重地描述為「一項既存的憲法原則」。

各家主流報紙的法律新聞記者大多數都沒有重視這堂講

座（只是提到了講座中相對次要的一個觀點）。這是可以理解的，因為他們認為這堂講座是老生常談，況且還缺乏對政府公開的抨擊，便更加吊不起吃新聞這行飯的人的胃口。不過，馬丁‧凱特爾（Martin Kettle）在 2006 年 11 月 25 日的《衛報》（the *Guardian*）上撰文稱這一主題仍然具有一定的重要性，並認為「我們需要的政治領袖應該對『法治』有更好的理解」。

（同一天，《衛報》上的另一則標題提出了這樣的問題：「難道這位法官就是英國最富有革命精神的人嗎？」而就在幾年前，該報還將我描述為「引領英國一場新革命的激進分子」。如果給我學生時代的導師、著名歷史學家克里斯托弗‧希爾（Christopher Hill）看到，他應該會很吃驚的吧。但是標題中的問題仍然沒有答案。至於那些想要在本書中尋找革命行動計劃的人們，我得事先打聲招呼，他們注定是要失望的。）

那天以後，人們對法治的興趣在我看來是持續增長的，一方面因為關注法治、人權（human rights）和公民自由（civil liberties）之間的聯繫，另一方面因為關注反恐的安全問題，於是興趣越發濃厚。這個主題值得我們更為深入地思考，遠非一堂講座所能盡述。但本書大量引用了我在這堂以及其他幾堂講座中闡述的內容。

本書雖由一名退休法官執筆，但並非專為律師所寫，也無意寫成一部大學法律專業的教科書。這本書實際上是為以下這幾類讀者而作的：（一）對法治有所耳聞；（二）傾向於認為法

治聽來是好東西，而不是壞東西；（三）對法治的重要性有所懷疑，但尚未確知其究竟為何物，並想對此做出準確判斷。

在本書第一部分第 1 章中，我簡明扼要地介紹了法治今日對於我們英國人和其他民主自由國家的意義，以及「法治」為何如此重要。第 2 章明確了「法治」概念一路發展至今的那些里程碑。我在取捨的時候，十分挑剔，亦不避嫌，逕直以英國為中心。換作學問高於在下的人來談這個問題，他們可能擇取其他歷史事件，並且撒網更廣。但即使有些選擇可能顯得離經叛道，我依然要這樣做。因為在法治這個領域，英國人完全有理由為他們這段歷史滿懷自豪，而且我認為弘揚這段歷史的力度還不夠大。那些空閒時間不多、注意力較短暫、卜班車程較近的讀者，可能想跳過第 2 章，直奔第 3 章。但我希望他們不要這樣做，因為第 2 章通過闡明現狀，可以讓讀者了解我們何以能創造出今日之成就（而且，這段歷史本身也是饒有趣味的）。第二部分由第 3 章到第 10 章組成，構成了本書的核心部分。在這 8 章中，我努力將「法治」這個完整的概念分解為幾個細部。第三部分論述兩個大的主題。第 11 章中，我考察了恐怖主義對法治的影響：是否正如貝理雅（Tony Blair）2005 年 8 月 5 日所言，遊戲規則正在改變？第 12 章中，我討論了「國會至上」（parliamentary supremacy）和「法治」的相互作用。這個問題一言難盡，因為通常認為「國會至上」和「法治」是我們英國憲法唯有的兩大基本原則，可它們倆或許同牀

異夢。

我萬分感謝所有以學者或法官身份對這個話題的探討貢獻過意見的人們，以及在代理眾多案件的過程中，努力闡釋、運用和維護「法治」原則的律師們。我尤其要感謝理察・莫爾斯（Richard Moules）、馬修・史萊特（Matthew Slater）和尼古拉斯・吉布森（Nicholas Gibson）。他們在 2005 年到 2008 年間，先後擔任我的司法助理，幾乎承擔了本書所有的資料搜集工作；還有戴安娜・普羅克特（Diana Procter），多年來承蒙她的幫助，我才得以避免犯下諸多錯誤。當然，他們不需要為我的那些觀點承擔任何責任，甚至還很可能持反對意見。我特別要感謝凱特・西蒙茲（Kate Simmonds），她在俯瞰威河（the River Wye）秀麗風景的寓所裏，把我這部書的手稿打了一遍又一遍。最後，我要感謝聯合代理（United Agents）經紀人公司的凱羅琳・道內（Caroline Dawnay）給予我的幫助和鼓勵，還有企鵝出版集團（Penguin Books）的史都華・普羅菲特（Stuart Proffitt），是他策劃了本書，並提出了很多好建議。

最後，有兩處細節，希求讀者寬宏大量。首先，因為「他或她」和「他的或她的」太過累贅，而用「他們」代替第三人稱單數又不合英文文法，我在多數情況下用了「他」和「他的」這兩種表述方式。希望各位不要把這當作男權沙文主義和性別歧視的表現。其次，我意識到尾註過量引用了自己曾經參與的案件。因為這些才是我最熟悉情況的案件。大概基於同

樣的理由 —— 我也不太確定 —— 伊麗莎白·施瓦茨科普夫（Elisabeth Schwartzkopf）在參加《荒島音樂》（*Desert Island Discs*）節目期間，作為流放獨處的慰藉，選擇的唱片無不是她自己灌錄的吧。

湯姆·賓漢（Tom Bingham）

第一部分

1 法治的重要性

英語「法治」(the rule of law) 這一說法的始創者，一般認為是牛津大學魏納英國法教授 (Vinerian Professor of English Law) A・V・戴熹 (A. V. Dicey)。他在 1885 年出版的名著《英憲精義》(*An Introduction to the Study of the Law of the Constitution*) 裏首先使用了這個術語。戴熹此書廣受矚目，身前死後多次再版。但平心而論，即使「法治」這個說法是戴熹創造的，其所指的概念也不是他發明的。一位學者 1 將這個概念追溯至亞里士多德 (Aristotle)，提出在一個現代英語譯本 2 裏，亞氏提到了「法治」。如果翻譯得更扣合原文，亞里士多德的原話是這樣的：「與其讓公民中的一員統治，不如讓法律統治」[1] 以及「所以即使是法律的捍衛者們，也得遵守法律」[2]。另一位作者 3 指出，布萊克本法官 (Justice Blackburn，後被任命為首位常任上訴法官 [Lord of Appeal in Ordinary]，簡稱

【1】 原文為 "It is better for the law to rule than one of the citizens"。
【2】 原文為 "so even the guardians of the laws are obeying the laws"。

上院法官 [Law Lord]）在 1866 年說道：「牽涉到自己的案件由自己充當法官，不要說在英國，就是在任何其他國家，都是有悖於法律慣例的事情……」。[4] 這位學者 [5] 還指出，「法律至上」（the Supremacy of the Law）早在 1867 年就被當成段落標題使用了。因此可以說，戴熹並不是前無古人地在一塊白布上作畫。然而他這本書確實影響深遠，令那些如今通常與「法治」相關聯的概念得到了前所未有的傳播。

戴熹給出了「法治」的三層意思。「首先，『法治』是指除非明確違背了依照常規立法程序制定的法律，並經本國常設法院裁定，否則任何人都不應受到懲罰，抑或依法遭受人身或財產損失。」[6] 戴熹的思路是明晰的。如果任何一個人，或你，或我，要遭受懲罰，一定不能是因為他違反了一位精明的大臣或其他官員拍腦袋想出來，以圖定我們罪的某條規定，而應是有充分證據顯示其違反了國家既定的法律。此外，判定其有罪的必須是國家的常設法院，而不應是聽命於政府的某所特別法庭，因為後者缺乏法官必需的獨立與公正。

戴熹這樣表達第二層意思：「其次，當我們說『法治』是我國特色之時，不僅意味着我們每個人都無權凌駕於法律之上，而且（以下完全是另外一層意思）意味着在這裏的每個人，無論其身處哪一階層，何種境地，都要服從國家的一般法以及常

設法庭的判決。」[7] 這樣一來，無人凌駕於法律之上，並且所有人都遵循相同的法院裏執行的同一部法律。第一點的概念是湯瑪斯・富勒（Thomas Fuller，1654－1734）博士於 1733 年提出的：**「人永遠不能高過法律。」**[8] 因此，如果你虐待了倫敦動物園的一隻企鵝，即使你是坎特伯雷大主教（Archbishop of Canterbury）也將面臨控告；如果你出售榮譽席位以謀求現金利益，即使你是首相也難逃罪責。但是第二點也很重要。大主教和首相亦無權享受特設的法律或法庭：同其他任何人一樣，他們要在相同的法庭裏，遵循相同的法律。

　　至於第三層意思，戴熹是這樣說的：

> 　　在第三層意思裏，「法治」，或者說「法治」精神至上，應當是英國制度的一項特色。可以說，我們的憲法貫徹了「法治」精神，因為憲法的各項普遍原則（譬如個人自由，或公眾集會的權利）。在我們看來，是特定案例中，法院關於個人權利判決的結果總匯；許多國外的憲法體制恰恰相反，個人權利的安全穩固（在那些國度，確實有這個顧慮）來源於，或看似來源於憲法的普遍原則。[9]

　　戴熹對外國憲法的輕視，如今鮮獲認同。但他仍是當代的一個人物，只不過受其時代所局限，同詩人丁尼生（Lord

Alfred Tennyson）一樣，他頌揚：

> 一個國度，政局穩定安泰，
>
> 一個國度，聲譽久享正義，
>
> 自由在此漸次播散，
>
> 始成先例，終為先例。【3】

《你問我，為甚麼……》

因此，他並不相信那些關於原則的高調宣言（在我看來，他如在世，對 1998 年《人權法案》[the Human Rights Act 1998][10] 也會有所褒貶），反而更相信普通法緩慢漸進的裁判過程，由這一位法官到那一位法官，由這一樁案子到那一樁案子，逐步改善。

戴熹的觀點在很長一段時間裏繼續影響着法官們的思考方式，[11] 甚至可能至今依舊。但時代變遷，他的觀點在學術上遭遇到了強烈的抨擊。他對於外國狀況的比較，後來證明是誤導了讀者；此外，在行文中，他明顯輕描淡寫了英國公民尋求政府補償時面臨的問題。[12] 隨着爭議展開，人們提出各式各樣的「法治」概念，直到德高望重的評論家們開始懷疑「法治」這

【3】　原文為 "A land of settled government, /A land of just and old renown, /Where Freedom slowly broadens down, /From precedent to precedent."。

個說法到底有沒有意義。約瑟·拉茲（Joseph Raz）教授曾評論過這樣一種風氣，即將「法治」當成涵蓋乾坤的一言堂，用來描述任何一個政治體系中各個好的方面。[13] 約翰·菲尼斯（John Finnis）教授這樣描述「法治」：「只要某個法律體系就法律意義而言狀況良好，這種狀況就可以稱為『法治』」。[14] 朱迪·施克萊（Judith Shklar）教授稱由於意識形態，也由於不分場合的濫用，這一表達或已毫無意義：「它很有可能已經成為用來美化英美政客公開言論的又一個自誇性修飾手法了。因此，不需要再為這句統治階級的閒話浪費腦細胞了。」[15] 湯瑪斯·卡羅瑟斯（Thomas Carothers）在 2003 年發現，「人們不能確定『法治』的本質是甚麼」。[16] 美國高等法院對小布殊起訴戈爾（*Bush v Gore*）[17] 一案的判決，最終確定了誰已贏得 2000 年總統大選，雙方在庭上都引用了「法治」這一概念。傑里米·沃爾德倫（Jeremy Waldron）教授在評論該案時，指出民眾的一個普遍印象：說出「法治」這個充滿魔力的詞語，僅僅表示「我方必勝」而已，毫無其他意義。[18] 布萊恩·塔瑪納哈（Brian Tamanaha）教授稱，「法治」是一個「極難捉摸的概念」，因而導致了「無數迥然各異的理解」；「人人都支持『法治』，至於它究竟是甚麼，卻各執一詞」，就這點而言，「法治」和「善」（Good）倒頗有幾分相似。[19]

就這類觀點而言，我們難免忍不住舉手投降，並且接受這個看法：「法治」這一表述過於無常、過於主觀，因而沒有意義。然而，也有三個理由可以駁斥這個看法。首先，在眾多案件中，法官做出判決時都援引了「法治」概念。[20] 譬如，有椿案子，內政大臣（the Home Secretary）希望把一名已定罪的年輕謀殺犯刑期延長，而時任上議院議員的斯泰恩（Steyn）勳爵說：「除非有最明確的法律條文做出相反的規定，否則國會立法不得違背『法治』精神。並且，不論就實際抑或程序而言，『法治』要求施行公正的最低標準。」[21] 還有一椿案子，類型與此完全不同，是關於城鎮與鄉村規劃問題裁決上訴的。另一名上議院議員荷夫曼（Hoffmann）勳爵稱：「無論如何，民主社會必須確立一項與之相關的原則，那就是法治。」[22] 諸如此類的權威言論，以及類似的其他聲明，應該得到重視，決不能輕易視為毫無意義的冗詞雜句而不予理會。

其次，當今高級別的國際性文件常常援引法治。譬如 1948 年《世界人權宣言》（the Universal Declaration of Human Rights 1948）—— 這是戰後一項偉大的原則聲明，同愛蓮娜・羅斯福（Eleanor Roosevelt）夫人的名字聯繫在一起 —— **在序言中認為法治「極為重要」，「為避免人類被逼上絕路、迫不得已只能通過發動起義來反對專制和壓迫，就應該**

確保人權受到法治的保護」。英國是 1950 年《歐洲人權公約》（The European Covention of Human Rights）的第一個簽署國。該公約稱歐洲各國政府共同擁有「諸如政治傳統、理想、自由和法治的精神遺產⋯⋯」。英國還是歐盟的成員國，而《歐洲聯盟條約總匯》（the Consolidated Version of the Treaty on European Union）第 6 條規定：「本聯盟基於以下原則建立，即自由（liberty）、民主（democracy）、尊重人權（respect for human rights）、各項基本自由（fundamental freedoms）和法治，諸成員國務須一體遵行。」所以說，現今國際上有強烈的共識，認為法治不僅有意義，而且很重要。1996 年《南非憲法》（the 1966 Constitution of South Africa）在第 1 條款中羅列了南非共和國立國的基本價值觀，包括「憲法至上和法治（the Supremacy of the Constitution and the rule of law）」。雖然法治明顯是一種英語表達法，在英國以及受其法律影響的國家裏為人熟知，諸如愛爾蘭、美國、加拿大、澳洲和新西蘭。但是，在受到德國、法國、意大利、荷蘭和西班牙法學影響的其他國家，法治依然具有意義。譬如，在德國，人們使用的表達是 Rechtstaat，而在法國使用的是 État de droit，兩者的字面意義均為「法治國家」。

最後，如今英國的一項法令也援引了「法治」這一概念。

2005 年《憲政革新法案》(the Constitutional Reform Act 2005) 第 1 節規定，該法案不得有悖於「(1) 現存憲法的法治原則，或者 (2) 大法官 (the Lord Chancellor) 當前在該項原則下所發揮的憲法作用」。該法案第 17 節第 1 條規定，大法官任職伊始，必須宣誓尊重「法治」，維護所有法官的獨立性。因此我們得出結論：即使認為某些條款毫無意義，不過是有意 (而且是在立法程序後期) 加入國會法案 (an Act of Parliament) 的，法院也不能拒絕採納。即使有法官對前文提到的離經叛道之說深懷同感，也不能加以拒絕，雖然 (我認為) 很少有法官會產生同感。

立法者習慣用行業術語來撰寫定義，以免產生誤解，或產生錯謬的司法解釋。有時，他們這種習慣達到了吹毛求疵的程度，可能會顯得有點奇怪。我最喜歡舉的例子是 1979 年《(英格蘭及威爾斯) 銀行法案上訴程序規例》(the Banking Act 1979 Appeals Procedure [England and Wales] Regulations 1979)，其中規定：「本規例中所援引之任何一條條款均視為本規例中之條款。」清清楚楚，明明白白。因此，人們大概會以為，既然「法治」是個重要概念，那麼 2005 年《憲政革新法案》肯定會包含其定義。實則不然。難道法案起草人覺得戴熹的定義已毫無爭議地為大眾接受，因此沒有必要詳加闡釋了嗎？這

種可能性很低。因為國會法案的起草人都是非常專業和博學的律師，他們的老師一定質疑過戴熹教授那番分析中的某些特別之處。相比之下，我認為另一種解釋更為可信：他們意識到，要發明一個適用於法令的精練定義，是極其困難的。經過理性思考之後，他們覺得最好的辦法莫過於省略這個定義。如果裁決時，當真需要定義這個術語，就讓法官自己看着辦吧。這樣一來，「法治」的定義不是被抽象地表述出來，而是通過援引某些案例得以體現。因此，這一概念能夠與時俱進，不斷適應新觀點和新形勢。

　　「法治」是現行的憲法原則，一旦它被明確寫入一項法令，爭訟雙方定會加以利用，這只不過是時間問題。這種事不僅發生了，其速度之快更是有些出乎意料。英國政府反貪局局長（the Director of the Serious Fraud Office）曾下令停止調查據稱是英國宇航系統有限公司（BAE Systems Ltd.）向沙特阿拉伯官員行賄的款項，他之後便因該項決定遭到控訴。一所法院裁定他的決定違背了「法治」精神，不過國會上議院卻認為他並未違背。因此，在這種情況下也不需要判定「法治」的定義到底是甚麼。[23] 不過這個問題終究會再次出現。至少，我們不能無限期地迴避編寫一個哪怕不那麼完整的定義。所以，我覺得必須放手一搏。

我認為，現行原則的核心應該是：**本國之內的所有人和所有機構，不論公私，均應接受法律約束，並享有法律賦予的權益，而法律應公開制定，（一般而言）在未來生效，且由法院公開司理。**這項主張將在本書第 3 章至第 10 章再次出現，它囊括的範圍較小，即使是最熱切的立憲主義者也不會認為它可以毫無特例，不加限制地放諸四海而皆準。有些訴訟非閉門進行無以伸張正義。例如，某家製造商為阻止競爭對手非法使用其獨家製造技術流程而發起的訴訟。但總體而言，任何行為，只要偏離了我之前所述的規則，都需要仔細地思考和清晰地論證。我的構想很大程度上歸功於戴熹，但我同時認為，這個構想把握住了英國大哲約翰・洛克（John Locke）1690 年提出的根本真理：**「法律下台之際，暴政登場之時。」**【4】 24 湯姆・潘恩（Tom Paine）於 1776 年亦提出了同樣的觀點，即「在美國，**法律就是國王（THE LAW IS KING）**。一如專制政府中，國王就是法律（The king is law），自由國家的法律理應為王，除此之外，沒有其他可能。」25

不過，這並非要求我們盲目崇拜法律，更不要盲目崇拜律師。很多人偶爾會同《苦海孤雛》（Oliver Twist）裏的本部爾

【4】　原文為 "Wherever law ends, tyranny begins."。

（Bumble）先生想法一致：「如果法律這樣規定的話⋯⋯，那法律就是一頭蠢驢──一個傻蛋。」更多的人會和莎士比亞戲劇《亨利六世》第 2 部（*Henry VI, Part II*）中的一名叛軍有相同的野心：「首先，我們要殺光律師。」如果可以避免的話，很少有人願意惹上官司，他們大概會認同一位意大利作家對法庭的描述──「外牆灰色的醫院，裏頭治療人類的墮落敗壞」。[26] 至於法官，公眾的觀點千差萬別，有些描述還前後不一致（法官們有時顯得老態龍鍾、高高在上，有時又開始進行詳盡深入的盤問；有時是牛飲缽酒的大恐龍，對倒霉的惡棍厲聲惡氣；有時又變成優柔寡斷的開明分子，不忍心因任何事對任何人作出恰當的懲罰），只是法官形象通常不佳。但是，對「法治」的信仰，並不意味着對法律、對法律職業、對法庭或者法官的過度崇拜。我們仍然可以保留自己多數的偏見。不過，對「法治」的信仰，意味着我們要接受這樣一個觀點：**相比其他國家，我們更願意居住在一個遵循（或者説，至少力圖遵循）我前述原則的國家。輕視法治的政體會有甚麼特點？唉，我們再熟悉不過了：深更半夜的敲門、毫無預兆的失蹤、走走過場的審訊、用於基因實驗的囚犯、屈打成招、古拉格勞改營以及猶太集中營、毒氣室、大屠殺、種族清洗、發動侵略戰爭。不勝枚舉。**因此，我們最好還是忍受一下眼前這些暴躁的法官和貪財的律師吧。

2 史河回溯

在本章中，我僅憑印象，有選擇地分節討論我心目中見證了「法治」發展成為現代概念的若干里程碑。

1 1215 年《大憲章》(Magna Carta 1215)

我選擇的首個里程碑是《大憲章》，英文亦稱作 the Great Charter。現在它已經家喻戶曉。其三份原件分別保存於大英圖書館 (the British Library)、梳士巴利大教堂 (Salisbury Cathedral) 和林肯大教堂 (Lincoln Cathedral)，不少人親眼見過其中一份，甚至更多。原件用拉丁文寫成，不啻為天書。即使是譯本，多數內容依然艱澀難懂。不過，哪怕只讀譯本，第 39 章和第 40 章的詞句仍然能令我們熱血沸騰：

第 39 章：任何自由人，若未經身份地位合適之人士依法裁判，或經國法判決，不得加以緝捕、拘囚、剝奪權利或財產，或剝奪法律保護權、放逐，或以其他任何形式

取消其身份地位，吾等亦不強行，或派人強行起訴他。【5】

第 40 章：對於任何人，吾等不得出賣、拒絕或延遲法律之公道與正義。【6】

司法部和內政部應該把這兩段文字印在他們的信箋上，取代現在使用的無聊口號。

僅僅數月之後，羅馬教宗（the Pope）便廢止了《大憲章》，認為它是通過脅迫強加於約翰王（King John）的，由此便觸發了很長一段糟糕的歷史。當時還沒有像國會這樣能獲民眾認可的機構，因此它也還算不上一項法令。《大憲章》既沒體現陪審團審判原則，也沒體現「人身保護令」（habeas corpus）的概念──在當時，前者仍處於發展初期，而現代意義上的後者尚未確立。[1]一直以來，人們批評第 39 章用詞「含糊不清，不盡人意」，[2]並認為大家對第 40 章「解讀過度，起草人要是知道的話，定必會大吃一驚」。[3]此外，如果認為當時和約翰王在蘭尼米德（Runnymede）對峙的爵爺們都是無私的民主鬥士，一心想要將世界改造得更美好，那絕對是對歷史真相的誤解。儘

【5】　原文為 "No free man shall be seized or imprisoned or stripped of his rights or possessions, or outlawed or exiled, or deprived of his standing in any other way, nor will we proceed with force against him, or send others to do so, except by the lawful judgment of his equals or by the law of the land."。

【6】　原文為 "To no one will we sell, to no one deny or delay right or justice."。

管如此，簽署《大憲章》仍然改變了英國的憲政形勢，隨後甚至改變了全世界。

產生如此影響的原因主要有四。其一，不同於包括 1222 年《匈牙利金璽詔書》(the Golden Bull of Hungary of 1222) 在內的其他同時期歐洲憲章，《大憲章》適用於英國所有自由人。[4] 當然，當時並非所有男人（和女人）都是自由人。但《大憲章》異乎尋常地認定所有自由人在法律面前都是平等的，從而促進了集體意識的產生。這大概有助於解釋為甚麼自 350 年前的內戰之後，大不列顛再未經受流血革命之苦。

其二，同某些小學歷史教科書呈現的景象不同，《大憲章》事實上並不是在暴君的脅迫壓榨之下作出的即時反應。的確，在約翰王統治時期，英國遭受了後世所謂「苛政的打擊」(the smack of firm government)，而約翰與教會的爭執及軍事失利也使得國內困難加劇。但是，《大憲章》產生的根源更為深遠。它大量借鑒先例，其中不僅有國王亨利一世（King Henry I）的《自由憲章》(the Charter of Liberties)，還有前代國王的加冕誓辭。亨利一世的憲章是在 1100 年登基之時，作為即位宣言（non-election manifesto）發佈的。憲章承諾不僅要廢止前任國王治下的不良習俗和苛捐雜稅，而且要禁絕刑罰過重，務必使刑罰與罪行的性質相稱。加冕誓辭承諾運用公正和慈悲

進行一切判決，這一宣誓（稍加改動後）已為 1688 年《加冕宣誓法案》（the Coronation Oath Act 1688）第 3 節採用，1953 年伊麗莎白女王二世（Queen Elizabeth II）也曾用它宣誓。法學權威都表示贊同。麥基奇尼（McKechnie）博士這樣寫道：

> 研究《約翰大憲章》（John's Great Charter）的內容及執行程序後，最為穩當的結論似應如下：這部憲章同《英國憲法》（the English Constitution）一樣，有着混雜的血統，其先祖遠不止一宗。但它確由歷代安格魯·撒克遜（Anglo-Saxon）君王的宣誓及令狀，經亨利一世的憲章，最終發展而成 —— 這一血脈傳承不容忽視。[5]

詹姆斯·霍爾特（James Holt）爵士是現代最偉大的憲章研究權威，他也寫過一段大意相同的話：「《大憲章》並非突然闖入英國社會和政治生活。恰恰相反，它是兩者的產物……早在 1215 年之前，外行就已經在設想、討論並且運用《大憲章》的原則了。因此他們能夠充分地理解《大憲章》。」[6] 這很重要。《大憲章》並不是為應對一場突發危機而臨時粗製濫造出來的一份和平條約。歷史多次表明，要它失效也不容易。**它有一種內在的力量，因為它表達了人民 —— 至少代表了那些能說會道的人民 —— 的意志。**

其三,《大憲章》的重要性還在於它明確反對不加約束、肆意專斷的王權,宣稱即使是國家最高權力,也應受到無上規則的約束。我們只有借助想像,穿越時空回到 13 世紀早期,才能發覺這在當時是多大的進步。如今在英國,我們把最高立法權(the supreme legislative authority)稱作國會中的女王(the Queen in Parliament),把最高行政權(the supreme executive authority)稱作女王陛下的各位大臣(Her Majesty's Ministers),把最高司法權(the supreme judiciary authority)稱作女王陛下的各位法官(Her Majesty's Judges),這些說法已被法律認可;不過我們看得一清二楚,女王除了同意經正當程序呈在自己面前的法規之外,別無選擇,而且,她本人並無權力私自僱用或開除任何一位大臣或法官。但在 1215 年,情況並不一樣,立法權、行政權和司法權都集中在國王身上,他是「耶和華的受膏者」(the Lord's Anointed)。他竟也開始屈從於法律的限制。所以說,《大憲章》是如此重要的一個分水嶺。顯然,此時「法治」已經萌芽。

但是,《大憲章》的重要性不僅在於其內容本身,更大程度上還在於後世對其內容的種種見解。這就是我要講的第四點。有時候,**信念比真相更有影響力**。或云:「誤解歷史,實乃

國家存在之一部分。【7】」⁷ 這話同樣適用於《大憲章》。事實證明，在其後數個世紀 —— 甚至直到今天，想像都是一個極具號召力的焦點，譬如政府計劃對陪審團審判加以某種限制之時。而這種影響力已不僅限於國內。一位美國作者曾在 1991年撰文稱，超過 900 次美國聯邦法庭和州法庭援引過《大憲章》。自 1940 年到 1990 年這半個世紀裏，美國最高法院（the Supreme Court）則在超過 60 起案件中援引過《大憲章》。⁸

2 人身保護令（habeas corpus）：抗議非法拘留

我選取的第二個里程碑是古老的「人身保護令」，全稱為"habeas corpus ad subjiciendum"（拉丁語原文透露了其高貴出身）。在 13 世紀初期以前，發佈令狀以確保被告或犯罪嫌疑人出席法庭審判是常見的做法。這令人欣喜，表明即使在那個年代，法官也選擇在被告方出席的情況下發佈法庭命令。⁹ 但那時此類令狀並非用於保護臣民的自由，也不是為了確保某人被拘留調查的合法性。之後，當該令狀和另一項撤銷令（certiorari，現稱 quashing order）一同發佈時，上述目

【7】　原文為 "Getting its history wrong is part of beig a nation."。

的才得以實現。人身保護令的發展很大程度上歸功於數家法院間的業務競爭，即普通法法院、執行衡平法管轄權（equity jurisdiction）的衡平法院（the Court of Chancery）和直接代表國王的皇家特權法院 —— 宗教事務高等法院（the Court of High Commission）。[10] 如前所察，人身保護令這一實質性的救濟方法（remedy）其實不是《大憲章》的產物，但久而久之，人們形成了有違史實的觀點。於是，我們就能接受威廉・霍爾絲沃思（William Holdsworth）爵士就英國國內保護自由（the protection of liberty in the UK）所作的正確評價了：「若不是受聲譽卓越的《大憲章》的基本原則啟發，其發展絕不可能出現；同理，若不是借發明具體的令狀來處理侵權案件，從而將原則轉化為實踐，它也絕不可能成為現實。」[11]

當時的程序（現在依然）本質上很簡單。一個倒霉鬼（假設他叫 A.B.）發覺自己在卡萊爾（Carlisle）（假設是這個地方）的天牢（Her Majesty's Prison）裏備受煎熬。他堅信，不論出於何種理由，自己遭到了非法拘留。因此他設法取得了一份致卡萊爾監獄獄長的令狀。現代形式（拉丁文形式已棄而不用）的令狀會要求獄長將 A.B. 本人帶至斯特蘭德大街（the Strand）皇家法院（the Royal Courts of Justice）的一名法官面前或在某分庭裏接受審訊，「並提供逮捕及拘留 A.B. 的日期

和理由。然後由法院審查並判定此理由是否合法」。

如此一來，這項古老令狀（其字面意思為「你控制身體」）的精髓得以保留。此外，獄長必須出庭，證實 A.B. 受他監禁，並陳述何時拘留 A.B.。最為重要的是，他須提供拘留 A.B. 的正當理由，通常是法院下達的合法命令。如果獄長提供的理由正當合法，A.B. 就得還押監牢，繼續受苦。否則，法官就會下令釋放 A.B.。此處我舉的是一個囚犯，他認為自己遭到了非法拘捕。但是該程序同樣適用於其他情況。比方說，一個病人被強行送入精神病院，而他認為這是非法的，在這個案例裏，其令狀就應該指向負責人，或者說醫院的受託人。

在 1670 年判決的蒲式耳案（*Bushell's Case*）中，首席法官沃恩（Chief Justice Vaughan）道明了一個簡單的事實：「**人身保護令是目前最尋常的救濟方法，人靠它恢復被非法剝奪的自由。**」[12] 這項令狀十分簡單，這便是其力量與優勢所在。世人目睹了無法無天的行政怪象，人身保護令則是公認的解決這一問題最有效的方法。它由法官首創並改善，在其他地方得到採用。美國就是顯例。所以，一個人不會因為某位獨裁者、大臣或其他官員的專斷決定而遭受有違個人意志的拘留，除非拘留的命令具有法律效力。他也不會因為某位法官的非法命令而受拘留，儘管這種非法命令通常會引起申訴。

3 廢除酷刑（torture）

　　以前某一時期的小學課本在講述英格蘭的中世紀史時，常常會包含一些神明裁判（trial by ordeal）的圖片和描述：或逼迫嫌疑人手握一塊燒紅的鐵，或將其沒入水中，如果他沒有因敗血症或溺水而死，那麼眾人便相信這是上帝在庇護他，以此證明其無罪。在深信宗教的年代，這種做法有一定邏輯可尋。即使如今，戰爭之時依然有人會應用此類審問方式。而1215年的《拉特朗公會議》（the Lateran Council of 1215）卻直斥此類殘忍行徑。因此，無論是英格蘭或威爾斯，還是歐洲大陸，都不得不改革。於是大家採取了不同的審訊程序。

　　英格蘭與威爾斯採取的審訊程序是當今陪審團審判（jury trial）的前身。被告在陪審團面前接受審訊，對其不利的證據也會同時呈堂。如果證人能令人信服的話，一個就已足夠。被告不可自行辯護，但如若他有證人，可傳召證人出庭作供。最後由陪審團判決被告是否有罪。歐洲大陸的審訊程序則截然不同。那裏採取羅馬教會法的模式（Roman-canon models），規定必須有兩個證人——這兩個人必須證實對方的供詞——或者被告自行供認罪行，才能判定被告有罪。但在實際操作中，常會出現找不到兩個證人，而被告拒不認罪的現象。因此，為

了解決後一難題，當局會使用酷刑來逼迫被告認罪，這並非特例或者孤例，而是歐洲大陸通行的慣例。

這段歷史於今日仍具有現實意義：早至 15 世紀之前，英格蘭普通法（the common law of England）（由常設法院的法官制定並執行的法律，因個案而異）已經強烈反對使用酷刑以及藉此獲取證據。[13] 普通法對這種可憎慣例的反對得到了人們的高度讚揚，並被視為其一大特點。英國最偉大的一羣法律作家也自豪地加以宣揚，其中包括弗特斯克（Fortescue）、柯克（Coke）和布萊克斯通（Blackstone），他們都將普通法和歐洲慣例做過一番對比。英格蘭禁絕酷刑，同樣贏得了包括伏爾泰（Voltaire）在內的大哲們的讚賞。基於以下三重考慮，普通法法院決定不對潛在被告或潛在證人施加酷刑：**對尚未定罪者用刑太過殘忍；通過酷刑所獲之供詞不足取信，因為人在遭受難以忍耐的痛苦時，會給出任何供詞，以求痛苦停止；此外，不少人堅信酷刑有辱所有牽涉其中者的品格，包括採信或許可以此等方式所得供詞的法院。**

儘管為普通法法庭所反對，酷刑繼續存在於 16 世紀和 17 世紀初的英格蘭。不過，施加酷刑需要有代表國王的諮議會（the royal Council）發佈的授權命令，多和指控的反國家罪（比如蓋伊・福克斯 [Guy Fawkes] 的罪行）有關。諮議會行

使王權，在稱作皇家特權法院的地方 —— 最為臭名昭著者莫過於星室法庭（the Court of Star Chamber）—— 進行審判。這一特權成了引發國王和國會普通法律師之間鬥爭的主要矛盾之一。借用一位權威人士的話來講，這是因為對後者而言，酷刑「和英格蘭法之基本原則格格不入」【8】，而且「同理性、正義和人道相抵觸」。【9】 14 雖然歷史並不明確，而信念的影響力可能再一次勝過了真相，但是反對酷刑的普通法支持者確然因為眾人相信的故事而受到激勵。1628 年 8 月，一個名叫約翰·費爾頓（John Felton）的海軍軍官刺死了白金漢公爵（the Duke of Buckingham）、英格蘭海軍大臣（Lord High Admiral of England）喬治·維利爾斯（George Villiers）。這位公爵不僅是國王詹姆斯一世（King James I）身邊的紅人，而且是國王查理一世（King Charles I）的密友。據說，後者曾詢問法官們，能否對費爾頓施加拉肢之刑，逼其供出同謀。在這個故事中，法官們在面談後回奏道，費爾頓「依法不應受拉肢之刑，蓋因我國法律既未包含，亦不准許此類刑罰」。15 不論歷史真相如何，不可否認的是，在 1640 年，長期國會（the Long Parliament）通過的第一批法令中，即有廢除星室法庭之要求，

【8】　原文為 "totally repugnant to the fundamental principles of English law"。

【9】　原文為 "repugnant to reason, justice, and humanity"。

而該法庭採信過藉助酷刑取得的證據；自那時起，英格蘭再未發佈過施加酷刑的授權命令。自英國國會（the Westminster Parliament）通過《1707年合併法案》（the Act of Union）之後的第一批法令，蘇格蘭也仿此改革，廢除了酷刑。但在歐洲大陸，這一慣例延續了多年：在一些保存至今的畫作上，我們可以看到頭戴假髮、身穿長襪的英俊小夥子殘酷折磨被縛的受害者。在法國，酷刑於1789年廢止；意大利各地廢止酷刑的時間不一，在1786年於托斯卡納（Tuscany）和1859年於那不勒斯（Naples）之間；在普魯士（Prussia），酷刑實際已於1740年取消，而正式廢止是在1805年；在巴登（Baden），酷刑一直延續到1831年；在荷蘭，酷刑於1787年至1798年間廢止；瑞典雖於1734年禁止酷刑，但之後仍不時採用；丹麥於1771年廢止這一慣例；俄羅斯於1801年廢止酷刑，但在1847年前仍偶爾採用。在美國，自1791年憲法明令禁止殘忍或極端的刑罰（見下）之後，一直禁絕酷刑。

這一切和「法治」有何聯繫？我認為大有干係。這是人們最初意識到有些慣例太過可憎，以致不可容忍，哪怕國家安全，如某些人所説，岌岌可危，哪怕不遵循這些慣例的代價是讓罪犯逍遙法外。即使握有國家最高權力，也絕不能為所欲為。

4 1628 年《權利請願書》
（The Petition of Right 1628）

　　我選取的下一個里程碑，就是 1628 年的《權利請願書》，它是《大憲章》和人身保護令的「嫡系後裔」。論及對「法治」的貢獻，其重要性可能不輸於前兩者。近年來，它的起源在學界頗具爭議，[16] 而且很多歷史細節值得懷疑。但宏觀地看，情勢還是相當清楚的。由於對白金漢公爵抱有敵對情緒，下議院（the House of Commons）在 1625 年及 1626 年拒絕把海外軍事活動 —— 本應由白金漢公爵指揮 —— 的經費撥給查理一世。國王不願放棄軍事野心，於是推行強制借貸（forced loans）這一權宜之計來籌款。很多被徵稅的人拒絕交錢，不少遭到監禁，其中就有著名的「五爵士」（the Five Knights）：湯瑪斯・達內（Thomas Darnel）、約翰・科比特（John Corbet）、沃特・厄爾（Walter Erle）、約翰・赫文寧厄（John Hevening ham）和埃德蒙・漢普登（Edmund Hampden）。他們每個人都申請了人身保護令，以求獲釋。湯瑪斯・達內爵士早早地遭到了拒絕，便放棄了鬥爭。其他四位堅持下來，還請了聲名顯赫的辯護律師，其中包括約翰・塞爾登（John Selden）。他們的樂觀想法是，既然監禁的理由是不繳貸款，

那麼可以在法庭上質疑並調查貸款的合法性。但國王宣稱，這些爵士最初需承擔的義務及之後遭受的拘禁是「依據國王的特別法令」（原話是拉丁語 per speciale mandatum domini regis），這使得他們希望破滅。以首席大法官為首的四名王座法庭（King's Bench）法官對爵士們緣何鋃鐺入獄一無所知，便草草命令（沒有最終判決）將彼等還押牢房。

想想接踵而來的公眾騷動，此番審訊也就算不上新奇驚悚了。法官們的命令似乎只是對保釋的暫時（而非最終）否決，發生的一切都似曾相識。聽審後不久，被拘留者繳訖貸款便獲釋放，這或許才是一直以來的真正目的。在當時，未經指控或審訊，直接依照行政命令進行拘禁並非沒有先例。但是，當下議院在 1628 年召開會議之時，他們對先例毫無興趣。正如康拉德・羅素（Conrad Russell）所言，這個「國會只有一個議題」（a one-issue Parliament），其「**明確的目的就是證實自由在英國的正當性**」。[17] 五爵士案（*the Five Knights' Case*）的結果是激發這一決心的原因之一。其他原因包括：通過強制借貸的方式，未經國會同意剝奪個人財產；士兵寄宿於民房；實行戒嚴令。國會的領袖們——這是一串令人心生敬畏的名字，包括愛德華・柯克（Edward Coke）爵士、約翰・艾略特（John Eliot）爵士、約翰・皮姆（John Pym）、約翰・塞爾登

（John Selden）、愛德華・利特頓（Edward Littleton）、納撒尼・里奇（Nathaniel Rich）爵士、羅伯特・菲利普（Robert Phelips）爵士、達德利・迪格斯（Dudley Digges）爵士、約翰・格蘭維爾（John Glanville）爵士等等——認為國王這些行為已經對「自由」這項他們聲稱與生俱來的權利構成了威脅。五爵士案引起的社會不安也很好理解：即使否決保釋只是暫時的，有個問題也繞不開——國王不經指控審訊，直接拘禁臣民的權力是否受到法律的限制？如果受到限制，那麼又受法律的何種限制？

雙方都宣稱自己在捍衛現狀（the status quo），在此種情況下，也不算稀奇。下議院的領袖們援引《大憲章》和其後的範例，反對使用任何新的原則。國王則表明自己遵守古代法律及習俗，拒不放棄當時享有的任何特權。事實上，國會的意圖是比以前更清楚、更全面地確保法律至高無上的地位。1628年4月26日，國會中的溫和派湯瑪斯・溫特沃（Thomas Wentworth）爵士稱，希望「不論國王高於法律抑或法律高於國王，國會都不會受影響」【10】。18 但國會中大多數人都想解決這個問題，並且希望法律取勝。這一目的背後不僅有政治上

【10】　原文為 "It shall never be stirred here whether the King be above the law or the law be above the King."。

的原因，也有專業上的原因，畢竟其中有很多出色的普通法律師。因為，如果辯論的構成要素之一是對國王的不信任，那麼另一要素就是懷疑普通法保護臣民的能力。「如果法律都是這個樣子，」羅伯特·菲利普斯（Robert Phelips）爵士於 1628 年 3 月 22 日問道：「那我們的自由又該如何呢？」[19] 領袖們選擇重新信任法律，這就排除了同國王和解的任何可能性。[20]

因此，上議院（the House of Lords）勉強接受了《權利請願書》。最終，國王在 1628 年 6 月 7 日極不情願地簽署了，但不久，他就不甘於毫無效力的同意權，努力想要重掌大柄。值得注意的是，該文件雖然是請願書的形式，卻受到了制定法的待遇，並成為了正式的制定法。[21] 在援引了《大憲章》以及參考了 1354 年頒行的《大憲章修訂版》中所述的正當程序之後，《權利請願書》第五條規定：

然邇來事發，係不幸與上述規定及其他意旨善嘉之英國法律相悖之事。陛下若干臣民，竟至無端監禁。夫以陛下所頒之人身保護令呈請法院予以救濟之時，循依向例，法院即應斥令有司陳明監禁原由。然原由無從究查，而有司僅謂遵奉樞密院所頒陛下特別詔命辦理，且又將被押者還監，實未控以依法應由彼等承擔之任何

罪名 [22]。

並在第 8 條中陳述其結論：

> 據此，彼等伏祈吾王陛下：自今而後，非經國會法
> 案共表同意，不宜強迫徵繳任何人丁之貢金、貸款、強
> 迫獻金、租稅或此類負擔；亦不宜因此等負擔，或因拒
> 絕此等負擔，而命令任何人等答辯，或為答辯而宣誓，或
> 傳喚出庭，或加以禁閉，或另加其他折磨困擾；亦不宜
> 使任何自由人因上述種種而遭監禁扣押；陛下誠宜調離
> 上述海陸軍隊，俾民人今後無受苦累；又上述執行戒嚴
> 法之欽差，亦宜撤去；又今後不宜再委員任此類特職，
> 或令其以上述方式行使職權，恐其有所憑恃，竟違背國
> 法民權，使陛下臣民皆有遭受陷害或處死之憂患云爾。

如果說「法治」在某個時刻發育成熟，那麼對我而言，這
個時刻便是《權利請願書》的簽署。

5 馬菲・黑奧 (Matthew Hale) 爵士的決心

我選取的第五個里程碑並非甚麼重大歷史事件，嚴格來

講，連歷史事件也算不上。它就像很多人時不時會下的決心，即使不是在新年：早起、努力工作、加強鍛煉、少喝酒……諸如此類。大文豪塞繆爾・約翰遜（Samuel Johnson）博士很喜歡此類決心。有時候，我們寫下這些決心，其內容可以是關於如何開展工作的，彷彿通過制訂一份較長久的記錄，就能讓自己努力實現當初寫下來的決心。

這種習慣的例子倒是有一個流傳至今，那就是馬菲・黑奧爵士的清單 ——「必須永遠記住的事」[11]。黑奧於 1671 年至 1676 年期間擔任王座法庭的首席大法官，而他這份清單可以追溯到 17 世紀 60 年代。他寫下這份清單，作為擔任法官的準則。其中有幾條準則尤能引起現代人的共鳴，但此處我羅列了黑奧整份清單的內容：

1. 伸張正義之時，我受上帝、國王及國家之委託，因此 ——

2. 我必確保，執行時做到 (1) 正直；(2) 審慎；(3) 堅決。

3. 不依靠個人之理解或力量，而請求並依靠上帝之指引及力量。

4. 伸張正義之時，我不會受強烈情感之影響，不論遭受

【11】 原文為 "Things Necessary to be Continually had in Remembrance."。

何種刺激均會克制。

5. 我將全身心處理手頭工作，視其他掛念思慮為不合時宜，不予理會。

6. 在全部案情和控辯雙方陳述完畢之前，我不會妄作判斷。

7. 在理由陳述之初，我不應受任何影響，而應毫無偏見，直至陳述完畢。

8. 審判死刑案時，即使本性使然，產生憐憫之情，亦應考慮到國家之損失。

9. 謹慎處理案件，嚴格遵守規定，因為判斷之差異會導致惡果。

10. 伸張正義之時，不因憐憫窮人或討好富人而有失偏頗。

11. 不應令民眾或法庭之好惡影響我為宣揚正義所做之任何決定。

12. 只要按照正義之法則行事，則無須焦慮他人所言所思。

13. 對罪犯量刑時，應以仁慈寬恕為懷。

14. 若罪犯只以口頭承諾不行傷害之事，對其溫和並非正義。

15. 若證據確鑿，應對殺人犯依法嚴懲。

16. 案件尚未判定之前，不聽從任何形式、任何人之私下
    教唆。

17. 確保我的下屬 (1) 不介入任何案件；(2) 收取費用時
    不超出其應得之數；(3) 不過分偏好某些理由；(4)
    不推薦律師。

18. 用餐快速簡單，以便更好地處理案件。

這份清單寫於約 350 年前，它之所以重要，**是因為其中規
定的準則，作為當今司法職位的行為規範亦當之無愧。**同後來
的我們一樣，黑奧認識到法官乃是人民公僕，這份重要的工作
要求他們嚴肅認真，一心一意，秉持專業精神。他明白，應該
努力排除個人情感，避免立場偏頗，在雙方證供陳述完畢之前
不應妄下判斷。他承認，在處理人命關天的大案時（「審判死
刑案」），應當權衡罪犯、公眾和受害人三方的利益；暴力犯罪
可判重刑，但在利弊兩抵的情況下，他傾向於寬恕與仁慈。黑
奧的決心是伸張正義，不為輿論左右。他並不偏袒富人和窮人
中的任何一方。如若案件懸而未決，他不會聽取任何私人陳
述，而是親手處理此案。

這些標準仍是當今法官追求的目標。當然，法官並非「法

治」唯一的——甚至未必是最重要的——守護者。藉助媒體提供的訊息，國會與公眾應當保持警覺，留意並審查侵權行為。但在維護「法治」時，法官們扮演着極其重要的角色，而黑奧早早地給出了珍貴指示，告訴他們應當如何履行職責。

6 1679 年《人身保護令修正案》 (The Habeas Corpus Amendment Act 1679)

若非 2001 至 2009 年間發生於古巴 (Cuba) 關塔那摩灣 (Guantanamo Bay) 的事件，《人身保護令修正案》將只是歷史的小小腳註，鮮為人知。

繼內戰和克倫威爾攝政 (the Cromwellian Commonwealth) 之後，英國帝制復辟。此後，克拉倫登伯爵 (the Earl of Clarendon) 擔任了國王查理二世 (King Charles II) 的首相。伯爵利用其行政權力，習慣性地將囚犯發配至如今英國的邊陲地區，僅僅因為當時人身保護令並未在這些地方實行，而只在英格蘭和威爾斯有效。因此，如克拉倫登所望，這些囚犯無法挑戰其拘禁之合法性。眾人認為這是王權肆無忌憚的流風，克拉倫登失勢之後便面臨指控，其中一項就是把囚犯發配到「偏遠島嶼、駐地及類似地方以阻止其享受法律的益處」。[23] 克拉

倫登逃亡他鄉，之後就死了。至於這種剝奪囚犯享受令狀保護人身的做法，反對之聲並未隨之消失。

17 世紀 60 年代，下議院曾五次採取立法措施來糾正這種明顯的權力濫用現象，可惜均遭上議院否決。直至 1679 年，一項更為深遠全面的《人身保護令修正案》在上議院才以微弱多數通過，具體票數為 57 比 55。如果當代歷史學家伯內特（Burnet）主教所言屬實，這次結果全歸功於議員格雷（Grey）勳爵。他在點算贊成票時，成功地將一位大胖子議員的票記為 10 票，而未引起點算反對票之人的注意。[24] 這個引人入勝的故事很有可能是虛構的，但威廉・霍爾茲沃斯爵士 —— 絕非輕率膚淺的作者 —— 卻評論說，該法案得以通過的「具體情況給貝內特的故事平添了幾分趣味，因為多數票是錯誤統計的結果」。[25]

美國政府將恐怖主義犯罪嫌疑人囚禁於關塔那摩灣的動機和克拉倫登一模一樣：拒不給予其國內法律所提供的人身保護令待遇。這些囚犯關押在古巴一處美軍基地，據我們了解，也無法援引人身保護令。如果從一開始，古巴的「法治」能實行得和 1679 年英國所要求的一樣，繁雜的訴訟、巨大的痛苦就都可以避免。至於英國官員有否參與將恐怖主義犯罪嫌疑人關押至關塔那摩的行動，雖遭質問，卻無回應。

7 1689 年《權利法案》(The Bill of Rights 1689) 和 1701 年《王位繼承法案》(The Act of Settlement 1701)

1688 到 1689 年，英國爆發革命，國王詹姆斯二世 (King James II) 出奔，威廉三世 (King William III) (來自荷蘭的奧蘭治王子 [the Prince of Orange]) 取而代之，其妻為瑪麗二世 (Mary II，詹姆斯之女)。這是一場和平的革命，兵不血刃，史家遂稱「光榮 (glorious) 革命」。不過，對於探尋「法治」發展歷程的學者而言，此次革命同樣無愧「光榮」之尊號。《大憲章》和《權利請願書》傳達了直白的訊息：貴為國王，亦受法律約束。但是，當下的危機一結束，約翰王就拒不履行《大憲章》；《權利請願書》簽署之後，查理一世繼續其專制統治，從不求助國會。這種情況持續 11 年之久。相比之下，1688 到 1689 年的革命傳達出的訊息更為含蓄，因此反而更加有效：奧蘭治親王 (William of Orange) 只有接受相關條件，才能獲得王位。接着，一份憲法合約誕生了，它不是政治哲學家臆想的產物，而是當時一位未來君主和政治領袖們協商的成果，即 1689 年《權利法案》。

詹姆斯逃走後，英國沒有了國會，也沒有了有權召集國

會的國王。當時,臨時下議院任命了一個由 35 人組成的委員會,制訂威廉就任國王前必須答應的各項條件。該委員會與威廉和瑪麗的代表詳細磋商,起草了一份宣言,速度之快令人稱奇。在 1689 年 2 月 13 日星期三這一天,威廉和瑪麗終於在白廳(Whitehall)的宴會堂(the Banqueting House)接受了該宣言。[26] 至此雙方達成協議。國會也能召集了。獲得他們同意的《權利法案》稍作修改,便成為法律,得以頒佈執行,並於 1689 年 12 月 16 日獲得王室恩准。[27]

人們通常認為協定、憲章和權利法案是現代發明,而且 1689 年《權利法案》只有部分內容涉及個人權利保護。其着重點在於君主應遵守的規條。這些規條有着巨大且長久的重要性。從此,君王再也不能依靠神授的君權凌駕於法律之上。[28] 國會的權威性和獨立性得到聲明,[29] 其訴訟程序的完整性得到保護,[30] 此外,未經國會批准,和平時期不得設置常備軍。[31] 不經國會同意便中止法律的權力視為非法。[32] 以「近來已享有並施行」[33](後來的法律雖嘗試澄清這項規定,[34] 但從未付諸實踐)為由,用某種權力廢止或拒不執行法律,一樣是非法的。[35] 有賴於禁止過重罰款[36]、禁止超額保釋金[37] 和禁止「殘忍且非正常的懲罰」[38],個人自由和安全得以保全。陪審團審判制度亦得到保護。[39] 由此,當代的英國讀者可以分辨出他們

生活的這個國家有哪些特點。

但是，還缺一樣東西。如果沒有法官有能力且願意施行這些法律，那麼就算是普及最完善的法律亦毫無益處。那樣的話，漠視法律的權貴就會逃過懲罰。但是，如果法官要對掌握國家最高權力的人執行法律，他們自己就必須受到保護，以免遭受恐嚇迫害。起草《權利法案》的委員會深諳此道，在第一份草案中包含了一條保障法官終身職位和薪水的規定。[40] 不過，當眾人（在奧蘭治王子反對的情況下）決定該法案應鞏固舊權利而非創造新權利時，[41] 這條規定就廢除了。因此，這個問題擇日再論。這一天終於來臨。1701 年，國會制定《王位繼承法案》，規定了安娜女王（Queen Anna）信奉新教的繼承者，並抓住機會通過了 1689 年廢除的規定。[42] 這項規定在上下兩院一致通過。[43] 此外，一則更為古老的條例規定，高等司法機關行使司法職權時的行動[44] 應免受民事及刑事訴訟。如此一來，司法獨立的基礎得以奠定。法官們在新君登基時無須再獲任命 —— 當時，部分法官確未重新任命 —— 這一規定在接下來的 60 年裏繼續存在。[45] 約翰遜博士為重新實施這項規定感到遺憾。他指出：「一名法官可能腐化……他可能因為年老而剛愎自用。漸漸地，他可能會在很多方面都不適合這個職位。過去，民眾有望依靠新國王登基來擺脫這樣的法官，這

本是件極好的事……」[46] 在約翰遜的年代，法官可以無限期任職，他的擔憂亦是可以理解的。但就這一點而言，歷史異乎尋常地證明他並不正確。**一個真正獨立的司法機關是防範執政者無法無天的最佳措施之一。否則，司法機關會成為專制政府的犧牲品**，津巴布韋（Zimbabwe）和巴基斯坦（Pakistan）此類國家的歷史已生動地印證這一點。

即使是掌握了國家最高權力的人，也應接受法律的約束。 為了這個慘痛的教訓，一個國王掉了腦袋，另一個國王則丟了寶座。但光榮革命（the Glorious Revolution）之後，儘管「法治」仍不完備，未克盡善，但已主宰了不列顛。

8 《美利堅合眾國憲法》
（The Constitution of the United States of America）

《美利堅合眾國憲法》是「法治」史上重要的轉折點。起草一份文件來規定不同政府機關各自的權力和職責，這在歷史上並非創舉。一向有先見之明的護國公奧利弗・克倫威爾（Oliver Cromwell）在 1653 年《政府約法》（1653 Instrument of Government）中就試驗過（惜未告捷）。但是，《美利堅合眾國憲法》的創新之處在於其開明的創舉：**創立一個強而有效**

的中央政府，同時保證各州的自治權，並（在最初的十項修正案中）保護個人基本權利免受某位現代評論家所説的「選舉專制」(elective despotism) 侵害。[47]（在 1976 年的理察・迪布拜演講 [Dimbleby Lecture] 中，黑爾什姆勳爵 [Lord Hailsham] 提到了後來常常被別人錯誤引用的「選舉專制」。當時他是否有意無意地想到過這個詞語，我覺得只能靠猜測了。[48]）這部憲法的另一創舉在於，**它並非統治集團專制命令的產物，而是經過廣泛且高效的辯論之後，贏得民意真正的支持，才得以產生。**

不過，該憲法最具革命性的一面，還在於**尊崇法律**。此前的歷史有助於解釋何以如此。美國獨立戰爭的領袖包括很多卓越的律師，他們精通英國普通法，熟知時人心目中《大憲章》所要維護的原則。因此，抵制在他們看來純屬英王自命的非法權力時，這些殖民者（同 17 世紀中葉英國來的那些殖民者一樣）自然而然地援引《大憲章》為先例，視之為更高的法律，即使國王也不可逾越。因此，在通過本國憲法時，他們很快就規定，這部憲法同屬更高的法律，除非有受民眾歡迎的強力命令，否則不得更改。

相應地，這部憲法第 6 條規定如下：

本憲法及依本憲法所制定之合眾國法律，以及合眾

國已經締結及將要締結的一切條約，皆為全國之最高法律；每一州的法官均應受其約束，即使任何一州憲法或法律中的任何內容與之有所抵觸。

因此，美國國會（the Congress）（第 1 條）、總統（the President）（第 2 條）和聯邦法院與法官（the federal judiciary）（第 3 條）有且僅有憲法所授予或憲法之下的權力。這和英國的情況形成（且一直形成）對比。在我國，「國會的君主」（the Crown in Parliament）理論上享有無限的立法權力（the legislative omnipotence）（我將在第 12 章進一步解釋）。不管怎麼說，大西洋西岸當時是充分認識到這一點的，並在 1788 年 3 月 20 日《「一個自由人」致羅德島的自由地產保有人和自由人》（"A Freeman" to the Freeholders and Freemen of Rhode Island）中提到。關於英國國會，作者說得很對：「他們是最高立法機構，其權力沒有限制，甚至可以廢除《大憲章》。」[49] 美國國會則不一樣：「其權力並非最高，亦非無限，而是受到憲法約束：憲法未賦予之權力，則由國家立法機構（State Legislatures）保有。」[50] 因此我認為，憲法所表述的法律，第一次擁有了至高無上的地位，不僅約束行政機構和法官，也約束立法機構本身。所以，湯姆‧潘恩（Tom Paine）所

言極是（見第 1 章）：「在美國，法律就是國王。」美國《憲法》由美國最高法院闡釋，這是「法治」的進步。此前，「法治」從未享有如此高的權威。

9 1789 年《法國人的權利與公民權利宣言》（The French Declaration of the Rights of Man and the Citizen 1789）

1789 年《法國人的權利與公民權利宣言》反映了盧梭（Rousseau）和其他 18 世紀啟蒙運動哲學家的影響。它最初由從美國歸來的德・拉法耶特侯爵（Marquis de Lafayette）起草並提出。《美國獨立宣言》（the American Declaration of Independence）尊奉的原則給了他靈感。他的宣言主張人人生而自由，權利平等；一切政治聯盟均力求保護天賦且不可剝奪的人類權利；國家擁有至高無上的權力；自由是在不傷害他人的前提下自由行事；法律只能禁止有害行為；法律是公眾意志的表達；若非法律規定之情況或依據其所規定之方式，不應指控、逮捕、囚禁任何人；法律只應規定完全且顯然必須之刑罰，不允許溯及以往的刑罰；所有人在證實有罪之前都應視作清白（即「無罪推定」），因而在最初對待他們時，應避免一切

不必要的嚴厲措施；任何人，只要其行為未曾擾亂公共秩序，皆不應因其觀點和宗教信仰受到騷擾；自由交流思想是最重要的權利之一；人權與公民權利應受到軍事力量保護；眾人皆須對國家開支有所貢獻；公眾有權就稅收事宜投票；社會有權要求公共官員就其行政行為作出解釋；在一個社會，如果法律不能保證實行，權力亦不能明確分離，這個社會就毫無憲法可言；最後，因為財產是神聖不可侵犯的權利，除非出於公眾需要，否則不應剝奪任何人的財產，因公眾需要而被剝奪的財產應予以補償。這其中的某些條款，我們現在聽來頗為熟悉。

10 《美國權利法案》
（The American Bill of Rights）

《美利堅合眾國憲法》前十條修正案自 1791 年 12 月 15 日開始實行，這就是至今為人熟知的《美國權利法案》。該法案涵蓋極廣，其中有些內容同英國《權利法案》相應和，但有些卻故意偏離英國模式，甚至超越了後者。第 1 條用以限制立法權，它規定「國會不得制定有關下列事項的法律：確立一種宗教或禁止信教自由，剝奪言論自由或出版自由，或剝奪人民和平集會及向政府要求伸冤的權利。」第 2 條則規定「紀律

良好的民兵隊伍，對於一自由國家之安全實屬必要，故人民持有和攜帶武器之權利，不得予以侵犯。」第3條有關和平與戰爭時期的士兵駐紮問題，這毫無疑問是美國獨立戰爭（the American Revolution）過後的一則熱門話題。第4條更具普遍意義：「人人具有保障其人身、住所、文件及財物安全，不受無理搜索和拘捕的權利。此項權利，不得侵犯。除非有可成立的理由，加上誓願保證，並具體指明須搜索之地點，必須拘捕之人，或必須扣押之物品，否則一概不得頒發搜捕狀。」所以，同英國一樣，寬泛、不明確的搜查是禁止的。第5條反映了當時英國的慣例，不過在某些方面有所改動：

> 非經大陪審團提起公訴，人民不應受判處死罪或會因重罪而被剝奪部分公權之審判；惟於戰爭或社會動亂時期中，正在服役的陸海軍或民兵隊伍中發生的案件，不在此例；人民不應為同一罪行而兩次被置於危及生命或肢體之處境；不應受強迫在任何刑事案件中自證其罪，不應未經法律適當程序而被剝奪生命、自由、財產；人民私有產業，如無合理賠償，不得徵為公用。

在美國法學中，「正當程序」（due process）這一表達是神聖不可侵犯的。其來源是《大憲章》第39章後來的譯本（見

本章第 1 節）。第 6 條再次反映且超越了當時的英國慣例：

> 在所有刑事案中，被告應有權提出下列要求：要求
> 由罪案發生所在之州及區之公正陪審團予以迅速及公開
> 之審判，並由法律確定其應屬何區；要求獲悉被控罪名
> 和理由；要求與原告證人對質；要求以強制手段促使對
> 被告有利之證人出庭作證；並要求律師協助辯護。

上述第三項權利，即為美國律師所知的「對質條款」（the Confrontation Clause）。這項條款明確反對沃爾特·雷利（Walter Raleigh）爵士叛國罪一案中臭名昭著的不公程序。該案中，總檢察長（the Attorney General）（愛德華·柯克 [Sir Edward Coke] 爵士）堅決反對傳召主要證人上庭作證，儘管整個訴訟都依賴於此人的證詞。隨後，這名證人撤銷了自己的證詞。第 7 條保有陪審團在任一爭執金額超出 20 美元之民事案件中的審判權。第 8 條借鑒了英國《權利法案》（見本章第 7 節），規定：「不得要求過重保釋金，不得課以過高罰款，不得施予殘酷、逾常之刑罰。」第 9 條允許憲法未列出之現行權利繼續存在。第 10 條將憲法未賦予聯邦政府之權力保留給各州自行行使。《美國權利法案》是一場長期的鬥爭，[51] 但 1791 年獲得保證的權利，至今仍為美國公民享有。

11 戰爭法（The law of war）

　　此處我將要描述的發展歷程和此前所述性質頗有不同，它並非發生在某時某處，因而將其稱為里程碑很不確切。它歷經數個世紀漸漸生效，不過在上個世紀左右，其動力不斷增長。我所講的就是制訂法律上公認的國家行為（state conduct）標準，甚至包括與武力使用（戰爭的正當性標準 [the ius ad bellum]，現由《聯合國憲章》[the United Nations Charter] 管理），戰爭或武裝衝突（戰爭行為約束 [the ius in bello]）有關的行為。戰爭注定殘忍，而用規則來約束此等殘忍行為在古希臘和古羅馬時代 [52]（classical times）和中世紀 [53]（the Middle Ages）已頗為常見。國王理查二世（King Richard II）在 1385 年，國王亨利八世（King Henry VIII）在 1415 年阿金庫爾戰役（the Agincourt campaign）中，都曾發佈法令，約束其士兵對敵軍的行為。[54] 在諸如真蒂利 [55]（Gentili, 1552-1608）和格老秀斯 [56]（Grotius, 1538-1645）等作家的影響下，一系列習慣國際法（customary international law）開始發展起來，並受到其他因素的推動，比如瑞典國王古斯塔夫・阿道夫二世（Gustavus Adolphus II of Sweden）1621 年簽署的 150 條軍法條例（150 Articles of War）。這些法律的權威源於各國

慣例，並被這些國家視為義務。有時，這些規則會成為雙邊合約的主題，美國與普魯士於 1785 年簽訂的協議即為一例。雖然是一份友好通商條約（a treaty of Amity and Commerce），該協議卻包含兩國交戰時應遵守的規定。其中第 23 條規定商人、婦女、兒童、學者、農民及其他人戰時不受侵害。第 24 條要求合理對待戰俘：「**為防止通過發配戰俘至偏遠惡劣之地，或將其聚集於狹小有害之境，而導致其死亡，締結合約之雙方互相並對全世界莊嚴宣誓，絕不採取上述行為。**」[57]美國內戰（the American Civil War）期間，亞伯拉罕・林肯（Abraham Lincoln）授命法西斯・列伯（Francis Lieber）向北方軍發佈了尤為開明的《美國政府軍戰地規章》（Code of War for the Government of the Armies of the United States in the Field）。（列伯是哥倫比亞大學歷史學教授，1800 年生於柏林。1815 年，他正值少年，在布呂歇爾 [Blücher] 手下服兵役，並參加了希臘獨立戰爭 [the Greek War of Independence]，1827 年移民美國。）

　　一個半世紀以來，國際法庭的判決和學者的意見對設立戰爭准許行為的標準產生了重大影響。但是，現今的局面則是有過量的國際條約研究這一個多面話題的各個方面。追溯這些條約的歷史會發現眾多各式各樣的英雄人物，若想挑揀一

番，定會招致公憤。不過，有一些人物尤為突出。尚–亨利・杜南（Jean-Henri Dunant）便是其中之一。他於 1862 年出版的《索爾弗里諾回憶錄》[58]（*A Memory of Solferino*）描述了索爾弗里諾戰役的可怕後果，均為其親眼所見。該書亦促成了 1864 年第一份《關於傷員待遇之日內瓦公約》[59]（the Geneva Convention on Treatment of the Wounded） 的 產生，並為國際紅十字會 [60]（the International Committee of the Red Cross）的成立奠定了基礎。另外值得一提的是沙皇亞歷山大二世（Tsar Alexander II），他曾召開會議，於 1868 年頒佈《戰時放棄使用 400 克以下爆炸性投擲物之聖彼得堡 宣 言 》（the 1868 St Petersburg Declaration Renouncing the Use, in Time of War, of Explosive Projectiles under 400 Grammes Weight）。宣言中提及的武器會對人造成殘忍傷害卻不致死，最終有 19 個國家擁戴該宣言。[61] 亞歷山大二世之孫尼古拉斯二世（Nicholas II）在前者基礎上更進一步，於 1899 年召開了第一次海牙和平會議（the First Hague Peace Conference），這次會議產生了 3 份公約和 3 份宣言。其中一份宣言有關一種子彈，這種子彈最初由位於達姆（Dum-Dum）（加爾各答 [Calcutta] 附近）的英屬印度軍火廠生產。[62] 儘管起初持反對意見，英國最終認可了該宣言。在西奧多・羅斯

福總統（President Theodore Roosevelt）及沙皇尼古拉斯二世的先後要求下，第二次海牙和平會議（the Second Hague Peace Conference）於 1907 年召開。相比之下，這次會議更富成效，一共達成了 13 份公約和 1 份宣言，其中大部分關注的是陸戰和海戰。[63] 第二次世界大戰（the Second World War）後，在聯合國的主持下，多份公約得以締結，其中特別值得一提的是 1948 年《聯合國防止及懲罰種族滅絕罪行條約》（the 1948 United Nations Convention on the Prevention and Punishment of the Crime of Genocide），這是古巴、印度和巴拿馬（Panama）代表團向聯合國大會秘書長（the Secretary-General）要求的結果。[64] 在這張頗為簡略的光榮榜上，我得加上古斯塔夫・穆瓦尼埃（Gustave Moynier），他是國際紅十字會的創始人之一，並於 1872 年強烈要求成立一所國際刑事法庭，用以裁決違反 1864 年《關於傷員待遇之日內瓦公約》的行為。1998 年，《國際刑事法庭羅馬公約》（the 1998 Rome Statute of the International Criminal Court）得以批准，其夙願終於得償。但也不無遺憾，美國雖然早先強烈支持古斯塔夫的提議，並在 1993 年和 1994 年十分贊成為前南斯拉夫（the former Yugoslavia）和盧旺達（Rwanda）設立國際刑事法庭，[65] 卻最終拒絕參加國際刑事法庭，理由是不願其

軍人屈從外國法庭的審判。很容易認為這些規定毫無效力，難以施行，因而予以輕視。不少人的確這樣想。**但是，這些規定至少使所有人 —— 戰士、傷員、戰俘、婦女、兒童、平民和非戰鬥人員（如軍醫等）—— 免遭戰火連綿。就這一點而言，它們必須被視為「法治」的勝利。**

12 《世界人權宣言》
(The Universal Declaration of Human Rights)

我最後選取的一個里程碑是《世界人權宣言》，1948 年12 月 10 日，剛剛在巴黎成立的聯合國召開大會，以 48 票贊成，8 票棄權，0 票反對通過了該宣言。[66] 同英國以及頗具影響力的法國代表兼談判者勒內・卡森（René Cassin）最初的設想相反，[67] 這份宣言在當時並無約束力（現在依然如此）。但是，借鑒《大憲章》、1689 年《權利法案》、1789 年《法國人的權利與公民權利宣言》和《美國權利法案》，它規定了人權的共同標準。此後，正式的條約承諾在此基礎上得以建立。這一宣言還促進了 1966 年《公民權利和政治權利國際公約》(the International Covenant on Civil and Political Rights 1966)、1966 年《經濟、社會和文化權利國際公約》(the

International Covenant on Economic, Social and Cultural Rights 1966)、1966 年《消除一切形式種族歧視國際公約》(the International Covenant on the Elimination of All Forms of Racial Discrimination 1966)和諸如 1950 年《歐洲人權公約》(the European Convention on Human Rights 1950)、1969 年《美國人權公約》(the American Convention on Human Rights 1969)、1981 年《非洲人權和各民族權利憲章》(the African Charter on Human and Peoples' Rights 1981) 及 1994 年《阿拉伯人權公約》(Arab Convention on Human Rights 1994)等地區性條約的產生。[68]

《世界人權宣言》的籌劃者尋求傾聽了多方意見,其中包括赫胥黎姐弟(朱利安 [Julian Huxley] 和奧爾德斯 [Aldous Huxley])、H•G• 威爾斯(H. G. Wells)、泰亞爾 • 德 • 夏爾丹(Teilhard de Chardin)和貝內代托 • 克羅齊(Benedetto Croce)。[69]「誰是宣言之父」這個話題向來頗具爭議,儘管勒內 • 卡森為宣言所作的貢獻,雖然巨大,卻不免有誇張之嫌。[70] 約翰 • 漢弗萊(John Humphrey)是著名的加拿大國際法律師,他準備了宣言的第一份草案。依他所見,這份宣言「沒有『父親』」,因為「事實上,成百上千的人……參與了起草工作」。[71] 不過,正如教宗若望 23 世(Pope John XXIII)1963

年在其通諭（encyclical）《世界和平》（Pacem in Terris）中所言，尤有四人之「行為最為重要」，是他們擔當了領袖角色：埃莉諾・羅斯福、勒內・卡森、黎巴嫩（Lebanon）的夏爾・馬利克（Charles Malik），還有中國的張彭春（P. C. Chang）。我認為，如果今天「法治」要求保護最基本的人權，那麼這一原則能得到幾乎遍及全球的認同，且很多國家採取措施來保證這一原則得以執行且行之有效，四子厥功至偉。[72]

第二部分

3 法律的通俗性

　　第 1 章中，我道出了心目中現今「法治」原則的核心：**本國之內的所有人和所有機構，不論公私，均應接受法律約束，並享有法律賦予的權益，而法律應公開制定，（一般而言）在未來生效，且由法院公開司理。**我承認，如此表述這一原則，既不全面，也不可能處處適用。在本章以及接下來的幾章中，我會努力對「法治」的要素做更深一步的探究。為此，我將提議 8 項「法治」原則。這並沒有甚麼玄奧的。其他人完全可以提出不同的原則，或者採取不同的表述方式。不過，竊以為，探究本書此前闡述的寬泛原則，努力指明當下「法治」對於我們的意義，實屬必要。

1 法律須容易為大眾所理解，盡可能易懂、清楚且可以預料

　　何須如此？

　　我認為理由有三。首先，最顯而易見的原因是，如果你

我因做或未做某事而將被起訴、罰款甚而入獄，我們需要能夠毫不費力地發現，為免遭刑事處罰，**甚麼是自己必須做或者不能做的事**。這同銀行劫匪習慣在搶劫國民西敏寺銀行（the NatWest）一家支行前諮詢其事務律師（solicitor）不一樣；真實情況是，有很多罪行遠不如搶劫那樣容易分辨，而我們當中的大部分人仍然熱切希望能夠**儘量遵守法律**。刑法（the criminal law）最重要的作用之一，就是使人打消犯罪的念頭。如果我們對刑法一無所知，便談不上打消念頭了。而且，我們也無法比較輕易地了解，到底甚麼不應該做。

第二個理由同第一個頗為相似，但與刑法無關。如果我們要享有民法（the civil law）（而非刑法）給予的權利，或者履行其規定的義務，那麼**知道我們的權利和義務到底有哪些則相當重要**。否則，談何享有權利，談何履行義務。譬如，你擁有領取冬季燃料補貼的權利，如果你無法比較容易地知道這項權利，亦不知如何要求獲得該權利，那麼，擁有它就沒多大用處。同樣的，你只有知道法律想讓你怎麼做，才有可能履行垃圾分類回收這一義務。

第三個理由更不明顯，卻更具説服力。有賴於**一系列可執行的合法規定管理着商業權利和義務，貿易、投資和（泛指的）商業行為才能取得成功**。在一個國家，如果當事人的權利和義

務模糊不明或懸而未決，大概沒人會從事涉及大量錢財的買賣。公認的英國商業法（English commercial law）之父，議員曼斯菲爾德（Mansfield）勳爵亦承認這一點。大約 250 年前，他曾說過：「日常協商和商人財產不應依賴於微妙細節，而應依賴於容易了解和遵循的規定，因為規定是常識下達的指令，是從源於個案的真理中推演出來的。」[1] 他的另一番話意思頗為接近：「在所有商業交易中，首要目標應該是確定性（certainty）：因此，條款的確定性在重要程度上遠高於條款的形式。因為只有如此，投機商（按：指投資者和商人）才知道其商業活動是在何種基礎上進行的。」[2] 不過，這一觀念並未老舊過時。最近，前美國聯邦儲備銀行（the Federal Reserve Bank of the United States）主席艾倫・格林斯潘（Alan Greenspan）在非正式場合被人問及甚麼是對經濟增長貢獻最大的因素。一番思索之後，他回答：「法治。」更近的例子是《經濟學家》（*The Economist*）上發表的一篇文章，該文稱：「人們通常認為『法治』是政治或者法律問題⋯⋯但近十年以來，『法治』在經濟領域亦變得重要⋯⋯人們認為，『法治』體垷並且鼓勵社會的公正，所以本身是好的。更為重要的是，『法治』促成了其他美好的事物，尤其是經濟增長。」[3] 該文亦承認經濟學家就「法治」和經濟增長之間存在密切聯繫尚有爭論，還

將中國作為一個反例予以關注，但並未暗示在中國不存在這一聯繫。

　　考慮到此項原則的重要性，當我們發現全球的法庭都清楚陳述過該項原則時，也不會感到驚訝了。1975 年，議員迪普洛克（Diplock）勳爵在上議院發言：「接受『法治』作為憲法原則，要求一個公民在採取任何行為之前，能夠提前知道相關的法律規範。」[4] 幾年後，他提出相似的論點：「基本正義，或者使用歐洲法院（the European Court，即歐洲各大共同體法院 [the Court of Justice of the European Communities]）通常引用的概念，應該稱為法律確定性之必要。基本正義要求，通過參照面向公眾的、可查明的來源約束公民之規定能為當事人（或者，更為現實的是，他僱傭的優秀律師）清楚了解。」[5] 位於史特拉斯堡（Strasbourg）的歐洲人權法院（the European Court of Human Rights）也發表過意思相同的言論：

　　法律必須能夠被人充分理解：具體涉及適用於某一單案件的各項法規時，公民應能夠得到充分指示……一條規範，除非其表達精確到能使公民規範自己的行為，否則就不足以被視為法律：他必須能夠 —— 在有必要的情況下，配合適當的建議 —— 合理預見某種行為可能招

致的後果。⁶

正如澳洲首席大法官（the Chief Justice of Australia）所言，澳洲各級法院曾就「法治」原則之要求得出過比較實際的結論：**「法律之內容應能為公眾理解。」**⁷

問題隨之出現：今時今日，這項原則遵循得如何呢？當然，在不同的國家，答案是不一樣的。在諸如德國、法國、意大利和荷蘭這類歐洲大陸國家，大部分法律都寫在精練扼要、細心編定的法典內。在很多實行普通法的國家（譬如澳洲），人們花費大量精力，努力使法規清晰、簡潔、易懂。在英國，由於大家討論的法律來源不同，這個問題的答案也不盡相同。其中有三大來源值得關注。第一，國會制定的法律，體現在準時執行的國會法案中。這些法律必須附有各部大臣或者其他擁有國會法案授權之人士或機構制定的制定法文件。第二，是判例法（judge-made law），這是英格蘭、威爾斯、蘇格蘭或北愛爾蘭法官所作的判決，為特定案件的判定設立了規定。以這種方式制定的法律即普通法，普通法屈從於制定法（statute）。但是，其歷史源遠流長，並未因年代久遠而喪失活力，而且，在法律的某些領域，它仍然是佔據主導地位的法律淵源。第三個來源是歐盟法（the law of the European Union），有關這類

法律後文會詳細解釋。這類法律不僅在英國具有法律效力，其生效範圍還在不斷擴大，且在適用地區，凌駕於制定法和普通法之上。現在，它已成為一類重要的法律淵源。

制定法（Statute law）

2007 年 7 月 11 日，時任自由民主黨（the Liberal Democrat）領袖的孟席斯・坎貝爾（Menzies Campbell）爵士在下議院指出：過去十年來，國會制定了 382 項法案，其中包括 10 項健康法案（Health Act）、12 項教育法案（Education Act）和 29 項刑事審判法案（Criminal Justice Act），但有超過 3,000 項刑事犯罪產生。[8] 安東尼・金（Anthony King）教授亦曾呼籲大家關注 1992 年的一篇報道，該報道統計後指出，自 1979 至 1992 年，國會通過的法案中，有 143 項同英格蘭和威爾斯的地方行政有直接聯繫；其中，至少有 53 項對現行的地方行政體系產生了重大改變。[9] 在 2006 年，將近 5,000 頁主體法規（primary legislation，即國會立法）得以施行，同時施行的還有各部大臣制定的 11,500 頁附屬法規（subordinate legislation）。如孟席斯爵士所述，「我們不停唸叨着『教育、教育、教育』，但現實卻一直是『立法、立法、立法』。」立法的過度活躍似乎已成為治理英國的長期特徵。

這難道不是一件好事嗎？我們可以這樣設想，那些受邀對立法變更提供建議或者執行變更的人，只要勤於使用互聯網，就能發現這些變化到底是甚麼，而毫無疑問，這些變化表明國會眼中甚麼最能滿足國家的需求。近年來，尤其是在刑事領域，我們目睹了法規大量湧現，從「法治」角度而言，憂慮不可避免；因此，即使以上兩個論點較為有力，仍然不能打消這種憂慮。2003 年《刑事審判法案》(the Criminal Justice Act 2003) 可以作為首要例子。在某個案件中，一名閱歷豐富、見識廣博的刑事法官聲稱該項法規的內容「像迷宮一樣錯綜複雜」而且「複雜得令人咋舌」[10]；在另外一單案子裏，這名法官又聲稱該項法規「極其令人疑惑」，還評論道：「為確定國會的意志，我們查閱了歷史經典的解釋，但未找到絲毫安慰或幫助。因為經典成書的年代更加悠閒從容，在當時，思想和語言的優雅清晰被視作理所當然，而非特例。」[11] 所以，即使對資歷頗深、經驗老道的專業人士而言，這類法規仍會造成實際上的理解障礙。這個問題可能部分源於一個國會委員會 (parliamentary committee) 所譴責的傾向，即「各級政府都想在過短的時間裏通過國會制定出過多的法規」。[12] 另一個原因大概是英國國會的起草人沿襲的傳統慣例。他們極度依賴眾多不同法案和制定法文件的相見系統。因此，閱讀法律

的人就不得不查閱一系列相關法規，這可能耗費大量時間。這些都是有代價的。刑事法或者刑事程序的變更會導致上訴數量激增。刑事案件審查委員會（the Criminal Cases Review Commission）是為了將可能誤判的案件提交給上訴法院（the Court of Appeal）重審而設立的。而該委員會則將近來具體判刑規定的複雜視為向上訴法院不停地提交審斷（reference）的原因。[13] 當然，最大的失敗者就是那些（可能擁有專業人士協助的）努力想要搞清楚法律到底是甚麼意思的普通人。

最近的一個案子說明了這種立法混亂導致的問題。[14] 2007 年，一名被告被人指控走私煙草，並認了罪。他被判處社區刑罰，財產充公。之所以被判財產充公，是因為他逃避繳納個人有義務繳納的稅款。為證實他有繳納稅款的義務，控訴方援引了一些 1992 年的條例。主審法官（trial judge）同意被告有義務繳納稅款，要求其支付 66,120 英鎊罰款，否則服刑 20 月。這名被告提出上訴。該上訴案在上訴法院由三名資深法官（senior judge）審理。在聽取了辯論之後，這三名資深法官稱，他們會以書面形式發佈判決。他們認為，依據 1992 年的條例，被告負有繳納稅款的法律責任，並擬定了一份判決，維持充公財產的原判。但是，在正式發佈判決前夕，他們得知，依據 2001 年的多項條例，1992 年的條例並不適用於煙

草產品。無論是主審法官、公訴人、辯護律師，或者是上訴法院的法官，大家都不知道後來的這些條例，所以他們都沒有錯。正如上訴法院法官（Lord Justice）圖爾森（Toulson）所言，發佈判決之時應准許上訴：

> 並沒有一個包含超鏈接、詳盡全面的成文法數據庫，可以使一個高智力的人通過搜索引擎就能找出有關某一話題的所有法規。這也意味着，在很多案子裏，法庭無法知曉相關的法律是甚麼，或者在當時無法知曉。因此，它們得完全依靠控辯雙方自己提出制定法規定供法庭因應考慮採用。相關機構已在眾多場合提及這一可悲局面。[15]

馬塞・柏林斯（Marcel Berlins）在《衛報》報道並評論了該案，他認為這條古老的格言是時候該改改了：除非沒有途徑了解法律到底是甚麼，否則，對法律的無知不是藉口。[16] 這話本不過是博人一笑。但是在 1988 年和 1995 年，意大利憲法法院（the Italian Constitutional Court）宣佈，如果法律的表達導致了費解和自相矛盾的結果，公民可以將對法律無知作為辯護的理由。[17]

我們即使承認，且必須承認，大多數法規的主題內容都難免十分複雜，也還得提出疑問：**當今法規的體量規模和行文風**

格是否有助於推進「法治」？

判例法（Judge-made law）

法官們都很樂意批評法規艱澀複雜。但只有蠢漢才會在玻璃房裏亂扔石頭。一些普通法判詞冗長，過分細緻，而且囉嗦（不止是在英國，其他國家也一樣，比如美國、加拿大、澳洲和新西蘭），這本身會在一定程度上導致法律難以理解。

大多數由法官在庭上判決的案子會產生涉及事實真相的問題，而不會產生涉及法律本質的問題。一個典型的案例就是一次摩托車相撞事故。該案中，兩名摩托車手在一段筆直的公路上相撞，當時雙方都指控對方的行駛位置錯誤。法官須盡最大努力確定真相到底如何，人們也很少會允許法官說「我不知道」。不過結果往往是兩名駕駛員應受同等處罰。在這樣一個案子裏，事實是最重要的，可是事實也很難確定。法官必須做出判決，概述其決定，但不需要決定任何有關法律的問題。不過，當一名主審法官獨自進行初審之時，他通常必須決定有關法律的問題，而在分區法院（Divisional Court）（通常有 2 名法官）、上訴法院（通常有 3 名法官）或者上議院（通常是 5 名法官組成的委員會，但偶爾 7 名，極少情況下會有 9 名）審理的案件中，情況幾乎總是如此。這些法官可以獨立做出判決，說

的不完全是同一件事（或者，説同一件事毫無意義），有時候，他們會各持己見。正是在這種情況下，出現了冗長、囉嗦和過分細緻的問題——它們使法律不可理解。

通過參考上議院近 3 年來在 3 個不同場合討論的同一個問題，我可以清楚地説明上述問題。[18] 背景情況是這樣：某人佔據一處土地居住。但是，據本國有關管理租賃和宿營車場（tenancies and caravan sites）的法律，他無權在此處繼續居留（因為他的租賃已經到期，或者有關方面已經通知他離開）。問題是，考慮到 1998 年《人權法案》的因素，當地方政府要求收回該處土地之時，這位住客能否依據《歐洲人權公約》第 8 條所規定之住宅必須得到尊重的權利來抵制拆遷呢？這一點我會在第 7 章再作討論。冷靜的觀察者對這一問題給出的答案大概會是：「能」、「不能」或者「視情況而定」。如果「視情況而定」，這名觀察者就得尋求一些指導，了解第 8 條的適用範圍。該案中，為了回答這一問題，上訴法院和上議院產生了迥然不同的意見。不僅如此，上議院內部也有諸多分歧。僅就國會而言，就有 15 份獨立的説理判決（reasoned judgment）提出這一問題，更有超過 500 段和 180 多頁的成文判例彙編（printed law report）提及該問題。即使如此大費周章，相關法律是否完全清楚，或者説有關這一問題的法律是否已經完

備，仍頗令人生疑。

當這最後一樁案子交由上訴法院審理之時，法院在一番糾結之後正式批准了上議院的多數意見（上議院之後承認其決定是錯誤的），並請求按照多數意見公佈一份單一意見判決書（single judgment）。這自然讓反對者有了說辭，也給了他們反對的理由，但是（普遍認為），這也給予了下級法院（lower courts）更清楚易懂的指導，告訴它們應採用哪些法律。

判決應以何種形式發佈最好，這已引起廣泛爭論，以上所述不過是冰山一角。至於判決的公佈形式，慣例也各不相同。在歐洲大陸，依照傳統，法庭的發言是唯一的權威，不允許任何異議，因此（尤其在法國），判決的表述極其簡潔，說理部分則少之又少。即使在我國，各地慣例也不盡相同。上訴法院（刑事庭）一定會給出一份單一意見判決書，除非審判長（the presiding judge）聲稱，在他看來案件的問題純粹是關於有關法律的問題，因而由法庭成員宣佈其獨立做出的判決更合適。[19]事實上，這一程序從未被採用。因此，如果某位法庭成員同其他成員意見不合，他（或她）也只能把疑慮藏在心裏。多年來，這一慣例為樞密院司法委員會（the Judicial Committee of the Privy Council）沿用，該委員會負責聽審過大英帝國（the Empire）、英聯邦（the Commonwealth）、馬恩島（the Isle of

Man）和海峽羣島（the Channel Islands）的上訴，不過，反對者可以在「不同意見書」（register）上記錄自己的反對意見，這本「不同意見書」不對任何人公開。大概這可以讓他們的良心得到安慰。與之相反，在民事上訴法院和上議院審理刑事上訴時，依據傳統，任何一名法官，如果想要發表不同意見，大可以逕直這麼做；如果和同事意見不合，也可以直言不諱。話雖如此，民事案件中，上訴法院愈加習慣於作出單一意見判決（據估計[20]，如今大約有 1/3 的判決都是以這種方式做出的），而且近年來，上議院偶爾也會在考慮上訴委員會意見之後，得出單一意見。[21]

那些贊同「不同意見判決」（multiple judgments）和「反對自由」（freedom to dissent）的人自有其道理。這種方式有助於法律的發展，能夠避免勉強妥協，從而也避免產生一項沒有人全心全意支持的最終判決。這種觀點擁有強大且權威的支持者。在我看來，只要依照以下兩個至關重要的條件操作，這一方式就不會削弱「法治」。

其一，**不論產生多少不同意見，或者有多少法庭成員反對，由法庭（或者是法庭多數成員）制定的法律原則（the principle of law）應當清楚明白。**只有制定明確的法律原則才能約束其他任何法庭，或適用於任何一樁案子。如果法庭不能確保其原則清

楚明白，那麼，依據當下討論的原則，它已經失職了。

第二個條件有關**法律發展過程中法官扮演的角色**。人們曾經認為，法官並不制定法律，而只是宣佈既定的法律內容。今時今日，持這種觀點的人已寥寥無幾。有些法官 —— 如已故的丹寧（Denning）勳爵 —— 為自己對法律發展所起的作用深感自豪，大多數法官則不願多言。但案件總是會產生新的問題，而法官必須予以回答。不論答案如何，往往都會使法律產生這樣那樣的改變。因此，法官對法律發展的確發揮了作用，也正因為此，普通法得以發展壯大。但法官在修改法律時應有所節制，而這也是極其重要的一個條件：**法官修改法律時不應確立新的刑事犯罪，或者擴大現行犯罪的範圍，導致過去發生時視為無罪的行為變成有罪。**[22] 因為，這有違一項基本原則：人不能因過去發生時視為無罪的行為遭受追究（retrospective）的刑事處罰[23]。同樣，關於民事案件，我們可能會同意澳洲高等法院（the High Court of Australia）海登（Heydon）法官的觀點，極端的司法活躍（judicial activism）會招致「法治」的死亡[24]：**將法律沿着其既定路線繼續發展，或者順應現代觀點和習俗稍加改變是一回事；努力將法律以激進、革新或冒險的方式重新改寫卻是另外一回事，因為後者會導致法律的不確定和不可預見，而這兩點恰與「法治」是對立的。**當然，在具體案件中，對

那些因規則在訴訟過程中被改變而輸了官司的人來說,則更加艱難。我前文提出的原則是,**通常法律應該在未來生效。**如果法律發展的勁頭過大並且無法預見,則與這條原則相抵觸。

歐盟法 (The law of the European Union)

當英國接受《羅馬條約》(the Treaty of Rome),加入歐洲共同體 (the European Communities)(當時稱作共同市場 [the Common Market])時,國會於 1972 年通過了《歐洲各大共同體法案》(the European Communities Act 1972)。該法案實質上規定,歐盟法 (the law of the Communities) 在我國具有法律效力。歐洲法院向來是歐洲共同體的最高跨國法院,擁有釋法權。該法院早已宣佈,在至關重要的案件中,《羅馬條約》的條規在成員國擁有直接效力,如歐盟法和成員國國內法律不一致,應以前者為准。[25] 如果本國法院在審理案件時,必須解決一個有關歐盟法的問題才能做出判決,但這一問題的答案並不清楚,那麼,該法院可以(如是終審法院 [final court of appeal],則必須)將這一問題提交歐洲法院裁決。[26] 這一程序並非上訴 —— 因為最終是本國法院進行判決 —— 但是有關歐盟法的問題必須依據歐洲法院的裁決才能解決。

因此,英國必須遵循歐盟條約、條例和指令中制定的歐

洲法律，還有歐洲法院的裁決，這些全都成為了英國法律的一部分，英國法庭必須予以執行。從「法治」角度來講，這沒有問題，因為（依據《歐洲聯盟條約》[the Treaty of European Union] 第 6 條）歐盟建立的原則之一就是「法治」。故此不贅。

但是，對於有意盡力執行歐洲法規和決議的英國法庭來說，這些法規和決議的確帶來了兩大問題。首先是法規。這裏，我們還不可避免地要考慮它們的來源。法規是起草人的工作，起草人源自不同的成員國，這些成員國的立法方式和英國法庭所熟悉的方式並不相同；起草人還努力想要制定統一的規則，以便擁有不同制度和傳統的成員國都能採用。簡單閱讀法規文書之後，便能了解到立法者打算讓法規在特定案件中得到何種運用，可這種想法並非總能如願。當國際法規文書在國家法律中生效時，尤為如此，而且，文書內容很可能反映了多方協商不同的目的。但這些問題並非無法解決，如對某一樁案子尚存疑慮，可以尋求歐洲法院的意見。其次，決議。歐洲法院依照歐洲大陸模式創立，做出單一意見判決，不允許任何異議。其實，不同的人對同一個問題的反應是不同的，這是司法生活的實際情況（更寬泛一點來講，人生亦復如是）；如果眾多法官們還是在法律體系、文化和傳統都不同的國家長大的，這種分歧就更加顯著。雖然單一意見判決書努力調和盡可能多

的法官意見，但是調和過程可能導致令人不快的結果 —— 界限模糊和問題混淆。譬如，英國法庭把案件提交歐洲法院，歐洲法院下達裁決後，有人請求英國法庭進一步提請歐洲法院說明該項裁決。顯而易見，前文就國內情況得出的結論也適用於此：不論判決採取何種形式，「法治」要求制定下來之規則清楚明白。[27]

4 依法不依情

2 有關合法權利和法律責任的問題，通常應通過運用法律而非行使酌情權（discretion）加以解決

　　戴熹教授強烈反對授予官員酌情權。他認為，**這項權力開啟了通往專制的大門，而專制和「法治」是不共戴天的。**數年後，他的觀點得到了英格蘭首席大法官（the Lord Chief Justice of England）休爾特（Hewart）勳爵的力挺，勳爵於1929 年發表了一篇題為《新型專制》（*The New Despotism*）的論文 —— 這篇文章很有說服力，讀來饒有趣味，且由此發起了一場對當時立法及行政慣例的銳利攻擊。對他而言，最惡劣的做法當屬授予各部大臣修改或廢止國會立法的權力，授權官僚做出具有司法性質的裁決，並通過法令規定各部大臣的決定免受法律質疑。休爾特做過記者，此時他橡筆重執，風采如

昨：「即使不是一個園藝家，也知道如果一棵樹上結的是邪惡之果，那麼，它生長勢頭越旺，最終危害就越大。」[1] 在他看來，當時的這棵樹上已經結出了豐盛的惡果。

休爾特議員舉了很多例子，其中之一是 1925 年《差餉物業估價法案》(the Rating & Valuation Act 1925) 第 67 節第 (1) 條，其規定如下：

> 在特定區域執行該法案，或者為任一區域準備估價單，或在執行該法案的任一條款時，如有任何困難，（衛生）大臣可以下令消除困難，或組建評估委員會，或宣佈評估委員會按時組建，或採取其他任何措施，只要在該大臣看來，其措施對於確保準備估價單或者執行規定是必需且有效的。此類命令可以修正本法案規定，只要在該大臣看來，這些修改對於執行命令是必需且理想的。

休爾特引用的另一個例子是 1925 年《城鎮規劃法案》(the Town Planning Act 1925) 第 1 節第 (3) 條：

> 「可能的建築用地」這一表述包括以下數種土地：任一可能用作或用於提供開闊場地、道路、街道、公園、休閒娛樂場所的土地；任一可能用於執行城鎮規劃相關，

在其上或其下開展工程的土地，無論該項工程是否屬於建築工程。（衛生）大臣就有關土地是否可能用於建築目的所做之決定將是最終且不可更改的。

休爾特抱怨，此類規定授予了大臣過多不可置疑的酌情權（在實際操作中，則由下級官員行使），從而削弱了「法治」。

他之所言，有理。

假設，國會通過了一項計劃，打算給深受殘疾困擾的人羣派發救濟金，而規定領取救濟金的合格條件需由負責社會安全的地方官員決定，而且其決定在庭上不應受到質疑。史密斯夫人居住在達勒姆（Durham），她認為自己患有殘疾，於是向地方官員申請該項救濟金，同時陳述了她認為自己享有這一資格的理由。這名官員拒絕了她的請求，並未給出任何理由。但她堅持要知道遭拒的原因，於是這名官員回應說，基於以下理由認定史密斯夫人不合條件：（1）她屬於精神殘疾，而非身體殘疾；（2）她身患殘疾的時間不夠長，因而無法滿足領取救濟金的要求；（3）其殘疾的程度不夠嚴重。如今，接受事務律師或者市民諮詢局（Citizens' Advice Bureau）的建議，史密斯夫人質問該官員排除精神殘疾的原因，所規定的合格期限到底多長，以及何等嚴重的程度才能達到領取救濟金的標準。她

指出，住在紐卡素（Newcastle）的妹妹布朗夫人和自己的情況極其相似，且已經領到救濟金。這位官員拒絕回答史密斯夫人的問題，只是回應說這項決策是他的個人決定，而他就是認為她沒有資格領取救濟金。至於她的妹妹，即那位紐卡素的布朗夫人，這名官員聲明自己並不負責那一區，如果那裏的官員同自己持不同觀點，也無可非議。缺乏有效的手段來質疑這位達勒姆官員的決策，如此施政明顯侵犯「法治」。史密斯夫人的資格應由法律決定，而不應取決於一名官員專制蠻橫的一時好惡。

當然，這一原則不僅適用於國家撥款。我們希望，自己繳納的稅款能夠由詳盡的法規管理，而不是受地方稅務稽查員（tax inspector）的決定左右。稅務稽查員有責任執行制定好的規則，但**不能自己創造規則。**他亦無絕對權力來免除法律要求的稅款。同樣，一名法官曾言簡意賅地指出：「公民應依據法律繳納稅款，而不應依靠酌情權免除稅款。」[2]

這並不表示，任何與公民權利及義務相關的決定都應由法庭或審判團做出，也不表示，行政決策的標準應在法令或者其下屬條例中規定。事實上，行政官員們承擔着管理我們這個複雜社會的各種任務，他們每天都要做出無數決定。譬如，無家可歸者的住房分配、學校用地分配、建築許可頒發、入境許可

頒發，諸如此類。重要的是，決定應該基於指定的標準，並允許法律質疑。不過，如果決定是由決策人合法且合理做出的，質疑是不大可能有結果的。

雖然戴熹和休爾特的觀點已為大眾接受，但下級官員和各部大臣的職責所在，就是做出影響公民權利和義務的決定。如果走向極端，認為他們不應擁有酌情權，這是很危險的。體制內部這種程度的僵化（inflexibility）會使特殊案件得不到特別處理，而這本身會引起不公正。譬如在移民領域，有申請人並未達到移民條例（the immigration rules）所規定的入境標準，但其個人歷史或者個人情況值得同情，因此，法官們多次且心懷感激地請求國務大臣（the Secretary of State）運用其酌情權給這些人頒發入境許可或居留許可。面對一個要求同情的案子，我們就不會希望國務大臣手足無措地自稱無權干涉。

各部大臣和下級官員的情況，通常同法官差不多。正如鄧弗姆林的肖勳爵（Lord Shaw of Dunfermline）在大約一個世紀前所說，「將維護憲法權利的權力移交給司法酌情行使，無異於將自由的根基從磐石遷至沙礫。」[3] 另一位年代近些的資深法官也提出類似觀點：「一到關鍵時刻……必須是法律，而非酌情權佔據主導地位。」[4] 法官的工作是執行法律，而非順從其個人喜好。在某些領域，法官需要行使酌情權，但這些決

定往往會受到嚴格限制，並非經常獲得認可。

在普通的司法生涯中，法官在審理民事案件時所做的判決往往根本不涉及任何酌情權的使用。於是，很多事都可能產生爭議：交易雙方是否達成了最終合同；立遺囑人在遺囑上簽字時心智是否健全；事故遇難者有無可能罹患癲癇；船出海時是否適於航行；人行道是否已為公眾常規使用多年；發明是否新奇；輪胎是否剛好在交通事故時爆裂，等等等等。這些案子中，法官必須決定甚麼證據該採納，甚麼證據該駁回，必須評估可能性，必須考慮任何與之相關的文件和專家證據（expert evidence），然後還必須作出判決。他必須作出判決，而非行使酌情權。作出判決之後，他擁有的酌情權其實很小。打個比方：如果所有證據都指出約翰王於 1215 年 6 月在蘭尼米德簽署執行了《大憲章》，那麼一名歷史學家就不能斷言此事未曾發生，而法官擁有的酌情權只跟這名歷史學家一樣多。

但通常認為有些司法權力的運用是通過酌情決定的。比方說，如果證實被告人負有法律責任或造成了某種損害，雖然依據權利可以要求救濟（remedy），賠償金即在此列，但有的救濟卻是酌情決定的，禁制令（injunction）尤為如此。稱其為酌情決定，是因為即使證實被告人負有法律責任，法官也不是一定要發佈禁制令。他有酌情權，可以自行決定是否發佈。

不過，規則已經發生變化，並開始指引此類酌情權的運用。如果表明被告人的行為是非法的，並可能給原告造成損害，而這一損害無法由賠償金完全補償，此外，如果被告人看起來可能繼續進行原告所控訴的行為，且未給出任何終止這一行為的承諾，那麼事實上，此時法官就得發佈禁制令，禁止被告人從事這一行為。他有酌情權，不過這只是名義上的，因為他的酌情權只允許他做這一個決定。

通常人們認為，在法令裏，詞語「可以（may）」（和「應該」[shall] 與「必須」[must] 相對）授予了酌情權：法官（或者各部大臣，抑或任何一個人）可以做任何決定，但不是非做不可。因此，假設依據證物資格（the admissibility of evidence）的相關規定，某項證據可以被採納，而法官在刑事審判中也沒有酌情權拒絕該證據呈堂，但 1984 年《警察與刑事證據法》（the Police and Criminal Evidence Act 1984）第 78 節第（1）條創立了一項酌情權的特例，規定：

> 在任一訴訟程序中，法庭在此種情況下可以拒絕控訴方援引的證據呈堂：在考慮了包括證據獲取在內的所有情況之後，法庭認為這項證據呈堂會不利於訴訟程序的公正性，因而不應該採納。

法庭「可以」：因此它擁有酌情權。但行使這項權力是有條件的 —— 很值得注意的條件：處理相關事宜的法庭認為這項證據呈堂會不利於訴訟程序的公正性，因而不應該採納（譬如可能是這種情況，證據表明目擊證人是在受到欺騙或賄賂的情況下給出的證詞）。要決定是否不利，法庭需要行使的是**判決權**，而非酌情權。情況無非兩種：是，或不是。如果法庭認為不是，則無權拒絕該證據呈堂（好比如果被告人認為打算援引的證據可以採納，法庭亦無權駁回一樣）。但是，如果法庭認為證據呈堂會不利於訴訟程序的公正性，因而不應採納，其行使酌情權時只能傾向於排除該證據。在很多司法酌情處理的情況下，法官一定會做出一項**事先判決**（prior judgment），決定應當如何行使酌情權。

都說英國民事訴訟費用的仲裁往往是由法官酌情決定的。但這同樣不是一項自由的酌情權。慣例是，敗訴一方應支付勝訴一方用於訴訟的合理費用。因此，原告如果敗訴，往往需要支付被告的訴訟費用：他本不該起訴。而被告如果敗訴，則要承擔原告的費用：他本該繳納理應支付的款項，而不該辯護。經常出現的情況是，鬥爭的成果是共享的，沒有一方是明確的贏家。這時法官必須分配費用，使其能反映雙方各自的成功與失敗程度，也可以宣佈不下達任何判決。在例外的情況下，會

拒絕支付勝訴方的費用。更常見的情況是，沒有經濟來源的敗訴方可能逃避支付費用的判決。但是，其中採取的廣泛原則是清楚明確的。法官幾乎沒有獨斷專行的空間。

人們普遍（且正確）地認識到，在判處刑罰時，法官享有一定程度的酌情權是相當重要的。因為，如果他們必須因某一項罪行而施加規定的刑罰，那麼他們就不能考慮到不同罪行、不同罪犯之間的差異。這可能導致不公正，因為罪行的嚴重程度大相徑庭，甚至以相同文字描述的罪行也是如此，此外，各個罪犯的情況幾乎永不相同。國會基本上承認了這一酌情權的價值，通常只會規定刑罰的上限，而很少規定固定刑罰或者刑罰下限。但是，如果判刑的嚴苛程度是由司法偏見，抑或法官一時興起（譬如多年前報道的一個案子：一名被告人被判犯有相當嚴重的罪行，法官告訴被告，按通常的做法，會送他進監獄，但這次因為自己生日，所以他不會這樣做）所決定，這也會成為不公正的另一源頭。如果在全國不同地方，判刑的嚴苛程度差距過大，即判刑上的「地區歧視」（postcode lottery），這也是不公正的。

當今的規定基本上保留了法官判刑的酌情權，但從以下三個方面加以限制。其一，**頒佈判刑準則和決定，針對不同罪行，指示判罰的合理範圍，並指出可能加重或減輕罪行的因素；**

其二，**由刑事法院（the Crown Court）判刑的被告可以上訴，如果上訴法院基於準則和以往的決定，認為判罰過於嚴苛，可以將刑罰減輕至適宜的程度；其三，如總檢察長認為判罰過輕，可以申請許可，將判決提交至上訴法院重審。**有的案子，公眾理所當然會因為對被告人的判罰過於寬鬆而義憤填膺，而原告卻無權上訴。此時，公眾輿論這一新興力量會加以干涉，使得上訴法院在總檢察長的要求之下，將過輕的刑罰加重至合理的程度。但公眾輿論和政治評論並非可靠的嚮導。一名叫克萊格‧斯威尼（Craig Sweeney）的兒童綁匪兼虐童犯於 2006 年 6 月判刑，有人應該能回想起內政大臣關於這一判罰的公開抗議和譴責。總檢察長認為內政大臣的干涉毫無益處，並未以判罰過輕為由將該案提交上訴法院。做出該項判決的法官經驗豐富，他的行為恰恰在準則和以往的決定限制的範圍之內。

「法治」並不要求剝奪政府或司法決策人所有的酌情權，但「法治」明確要求：是酌情權，就要受限制，以防出現隨心所欲。沒有酌情權可以逾越法律，為所欲為。

5 法律面前，人人平等

3 本國法律應平等適用於所有人，除非客觀差異要求差別對待

公元 1 世紀，耶穌基督的門徒聖保羅（St. Paul）用激盪人心、極具現代性的辭藻反對歧視：「既無猶太人，亦無希臘人，既無約束，亦無自由，既無男子，亦無女人：因你們在耶穌身上，合而為一。」[1] 考慮到他所處的社會接受奴隸制，歧視女性，並賦予羅馬公民以特權，這番言論就更加引人注目。正因其羅馬公民的身份，才得以對自己未經審判便遭到懲罰一事表示抗議，才能向羅馬尊號為凱撒（Caesar）的君主申訴──「你向凱撒申訴了嗎？」費斯圖斯（Festus）問道，「你應當去找凱撒。」[2]

我覺得，今天大多數英國人都會將法律面前人人平等視為我們社會的基石，這種認識是正確的。不應為富人制定一部

法律，而為窮人另外制定一部。我們都認識到，克倫威爾的陸軍上校湯瑪斯・雷恩巴勒（Thomas Rainborough）1647 年在帕特尼（Putney）軍隊辯論中的著名發言道出了真理：「我真的認為，在英格蘭，最貧窮的人和最高貴的人有同樣的生存權利。」[3] 但我們也會接受，有些人應該受到差別對待，因為在某一重要方面，他們的情況不同。兒童是最明顯的例子。根據定義，兒童不如一個正常成年人來得成熟，因此不應用對待正常成年人的方式對待兒童。因此，尚未達到某一年齡的兒童應免於刑事起訴（在英國，普遍認為 10 歲以下的兒童免於任何控罪，相較而言，這一年齡限定比大多數歐洲國家都低）；如果兒童被判有罪，判罰亦不應和正常成年人一樣；在民事訴訟方面，兒童也享有部分特權。另一個例子是精神病人：如果他們對自己或他人構成威脅，可能就不得不加以監禁。同樣，囚犯的待遇也與其他人不同，因為監禁的目的正是限制囚犯某些他人能享有的權利（最明顯的就是個人自由）。基於移民方面的考慮，在本國沒有居住權的人所受的待遇肯定和擁有居住權的本國公民不一樣，因為沒有這項權利的人需要進入或逗留本國的許可，而本國公民則不需要。只要法律實行差別對待是因為對象的情況確有不同，這些事例（當然還有無數類似的例子）就毫無問題。任何偏離「平等對待」（equal treatment）

這項大原則的情況皆應細察，以確保「差別對待」（differential treatment）是基於真正的差別，否則就違背了第（3）條原則。

現在，「法律面前，人人平等」這項大原則大概已為大眾接受，也沒有很多異議，但到達這一步花費的時間不可謂不多。譬如，直到 1772 年，英格蘭普通法才開始堅決反對在不列顛實行奴隸制。同一年，詹姆士·森麻實（James Somerset）（或者是 Sommersett —— 根本沒人清楚他究竟如何拼寫自己的名字）案得以判決。[4] 森麻實生於非洲，之後被帶至美國維珍尼亞地區（Virginia），並在此被一個名叫史都華（Stewart）的人買下。在麻省（Massachusetts）暫住後，史都華將他帶到倫敦。[5] 在倫敦，森麻實試圖逃跑，後來被抓，但他拒絕繼續為史都華服務。於是，史都華將森麻實強制送上一艘開往牙買加（Jamaica）的船，森麻實一直被鐵鏈綁在船上直到起錨。倫敦的反奴隸制遊說團一直在焦急地等待一個合適的試驗案件（test case），於是選擇了森麻實。一份致船長的人身保護令發出了。隨後，首席大法官曼斯菲爾德（Mansfield）勳爵主持了一系列漫長的聽審。該案一個奇怪之處是與其緊密相連的一句俗語：「英格蘭的空氣太純淨，奴隸不配呼吸。」這句話並非出現在曼斯菲爾德勳爵的判決書上，而是出現在出庭律師 [6] 提交的論據之上，而他們援引的來源則更加令人吃驚 ——

星室法庭的一份判決書。[7] 此案的另一個奇怪之處就是，據丹寧勳爵事後聲稱，[8] 曼斯菲爾德勳爵的判決結尾並不是響亮的宣言 ——「讓黑人獲得自由」，而是一個不那麼盪氣迴腸的結論 ——「因此，黑人應被釋放」。[9] 這一判決對森麻實而言意味着自由，同時也是廢奴主義者（abolitionist）的一場勝利。自此，不列顛再無奴役與自由之分。但是，《牛津國家人物傳記大詞典》（the *Oxford Dictionary of National Biography*）對森麻實的記載令人唏噓：「1772 年 7 月（曼斯菲爾德勳爵宣佈其勝訴之後），他跨出西敏寺國會大廳（Westminster Hall）之時，也是他走下歷史舞台之日。他後來的生活（或者死亡）至今無從知曉，在由他人掌控的歷史事件中，更大程度上，他只是一個影子罷了。」[10]

就這樣，一場戰役，而且是一場極其重要的戰役打贏了。但是整個戰爭還在繼續。令人遺憾的是，英國法律不僅容忍，而且親自對羅馬天主教徒（Roman Catholics）、不從國教者（Dissenters）和猶太人施加了不公正待遇 —— 而不是理性地以他們自己的宗教信仰為根據；同樣，英國法律不僅容忍，而且親自對婦女施加了不公正待遇 —— 而不是理性地顧及她們的性別。在本國，婦女直到 1928 年才擁有完全選舉權（full voting rights）。[11] 但不列顛不是唯一容忍不公正的國家。頗

具革命性的《法國人的權利與公民權利宣言》本來涵蓋了全體人類，但經過修訂之後，就把幾類人排除在外了。《美國權利法案》雖然極具進步性和開拓性，卻沒有觸動美國南方怪異的奴隸制，在森麻實案之後，這一廣大地區的奴隸制還維持了90年。大家不需提醒也知道在20世紀，歐洲一些國家對猶太人、同性戀者（homosexuals）和吉普賽人（Gypsies）的歧視是法律認可的。

把第（3）條原則僅僅當作古物把玩，固然令人欣慰。但是，在不列顛以及其他地方，非本國公民受到的待遇表明，這是不現實的。如前所述，在不列顛，一名沒有居住權的非本國公民的情況和享有居住權的本國公民不一樣，最明顯且最重要的不同之處在於前者可能被勒令移居，而後者不會。這是最大的區別，與此相關的差別對待是不容反駁的，也是不可避免的。但並不表示與這一區別無關的差別對待也是正當的，這一點斯卡曼（Scarman）勳爵於1983年在上議院的一個案子裏講得很清楚：

> 人們通常將「人身保護令」描述為「英國臣民」獨有的權利。這項權利真的只限於英國國民嗎？其實，只說一句就夠了：對於這個問題，判例法（the case law）堅決

回答了「不」。在司法管轄範圍內的每個人都受到法律同等的保護，英國國民和非英國國民之間沒有任何差別。受英國法律管轄的人同時受英國法律保護。至少自曼斯菲爾德勳爵在森麻實案（1772年）解放了「黑人」之後，這一原則已經寫入法律。[12]

這一訊息已經足夠明確。但即使如此，當時國會依然在2001年《犯罪反恐與安全法案》（the Anti-terrorism, Crime and Security Act 2001）第4部分中規定，未經指控或審訊，有國際恐怖主義嫌疑者，如非本國國民，可對其加以無限期拘留；但是，如果英國國民被判定構成同樣威脅，則可以免受追究。上議院認為此項規定和《歐洲人權公約》相抵觸，[13] 再者，2005年7月發生在倫敦的恐怖襲擊就是由英國公民，而非外國國民實施的。但是，政府認為以同樣方式拘留英國國民是「異常嚴峻的舉措」，而且認為「如此嚴酷的權力將很難證明其正當性」，這讓聯合議院委員會（joint parliamentary committee）覺得，政府的解釋似乎是說，「相較於英國國民，外國國民的同等自由利益不值得保護」。[14]

但是，如果認為英國是在這方面唯一或是最糟糕的違背「平等」原則的國家，那就大錯特錯了。正如一名美國

學術作者（見第 11 章）對美利堅合眾國的描述所稱，「事實上，每一次重要的、涉及公民自由 —— 包括辭令撻伐（penalizing speech）、種族定性（ethnic profiling）、牽連定罪（guilt by association）、通過行政措施避免刑事令狀（the criminal process）這一保護措施、預防性監禁（preventive detention）—— 的政府安全行動，無不是從針對非本國國民的措施開始的。」[15] 我認為，美國偉大的法官傑克遜（Jackson）於 1949 年在美國最高法院發表的講話蘊含着深刻的真理：

> 我認為以下信條是有益的：城市、州及聯邦政府（the Federal Government）在行使其權力的過程中，不應對居民差別對待，除非是基於管理目的的合理差異。這種平等不是抽象的正義。憲法的制定者都知道，今天的我們也不能忘記，要防範專制和無理的統治，最有效的保證莫過於要求官員將強加於少數人的法律原則廣泛施加於大眾。相反，要打開通往專制的大門，最有效的方法莫過於允許那些官員自行選擇一小部分人，對這部分人實施法律，而官員自己則逃脱了大多數人受法律影響時他們可能遭受的政治懲罰。為確保法律公正，法院應採取的最佳舉措莫過於要求法律在執行過程中一視同仁。[16]

60 年後的今天，我們要對這段話説「阿門」。或許還可以加上一句：「法治」的要求亦不過如此。

6 權力的行使

4 各部大臣和各級公職人員在行使所享權力時，必須真誠、公正，並依照法律授予其權力之目的，不越權，亦不違理性。

這項原則源於之前討論的兩項原則，甚至可以説是它們本身固有的。但是，它值得單獨一提，因為很多人會覺得它是「法治」原則的中心。事實上，這是一項基本原則。因為，雖然民主國家的公民授權其代議機構制定法律，這些正式的法律對其管轄範圍內的所有人具有約束力，並由當時的行政部門、政府及其僱員負責執行，但是，行政部門的權力也僅限於嚴格按照法律辦事，而不能有其他行動。

法院確保政府當局按法律規定行事，這一過程如今被稱為違憲審查（judicial review）。大衛·布倫基特（David Blunkett）（2001 年至 2004 年任內政大臣）説過：「違憲審查是一項現代發明，從 20 世紀 80 年代初開始基本形成……」[1]

在過去三四十年裏，人們大量運用違憲審查的權力，其廣泛程度大勝往昔，在這一點上，他説得很對。但是，違憲審查是古老的權力，人們已行使了數個世紀。因此，救濟方法都是以傳統的拉丁名字為人所知：人身保護令（habeas corpus）、調卷令（certiorari）、執行職務令（mandamus）、權利開示令（quo warranto），諸如此類，這些名字都沒有新式的 20 世紀風格。我們已經接觸過人身保護令和調卷令。通過發佈執行職務令，法院可命令公民、團體、大臣或裁判庭履行其法律職責。權利開示令要求某人在行使權利時，出示其所依據之許可或授權。

「違憲審查」是對這一權力運用的絕佳描述，因為它強調讓法官來審查他人行政舉措的合法性。這是一項合理的司法職能（judicial function），因為法律是法官日常工作的一部分，是其擅長的專業領域。但他們並非獨立的決策人，亦無權如此。他們很可能對自己審查的決策內容並不精通，而只是內容合法性的審查員，僅此而已。

這很重要。當國會通過法規或條例授權某一名官員（比如政府大臣 [a secretary of state]、公訴局長 [the Director of Public Prosecutions]、嚴重欺詐案調查辦公室主任 [the Director of the Serious Fraud Office]）或某個團體（比如房屋委員會 [a housing authority]、社會服務處 [a social services department]、郡議會 [a county council]、衛生局 [a health authority]、港務局 [a harbor board] 或精神病院管理人 [managers of a mental hospital]) 做出某一項決定時，並沒將這項權力授予他人。國會希望其指定的官員或團體能遵從政策可能制定過的準則行事，但是，它更希望該名官員或該團體在考慮過相關經驗及資源有無之後，能自己判斷。國會並不希望或打算讓某一位自以為見多識廣的法官單獨做出決定。但是，人們通常預設，做出的決定一定要符合法律。律師們把這稱為不可辯駁的預設：不僅不能更改，而且不可超越。

正如大家所期待的那樣，規則經過發展，指明面臨哪些違法行為可以成功申請違憲審查，儘管那時法院的作用通常只是宣佈現存決定無效，並下令指定的決策人重新做出合法的決定；或者說，禁止決策人執行某一項提議，否則就是違法行為；又或者說，命令決策人履行法律上應當履行而未能履行的職責。

至於哪些違法行為能夠成功申請違憲審查介入，不同的評論員和權威人士則有不同的說法，但本原則包含的內容可以作為一個可行的清單。首先的要求是，行使法定權力時應當真誠，即誠實。通常認為這也是國會的意圖。事實上，「必須真誠行使酌情權」一直被描述為違憲審查的首要原則。[2] 不真誠

的案例實屬少見，但在 1991 年，一名上訴法院法官在審理一宗案件時認為「在這種情況下，我覺得（這項）決策……只可能是不真誠的結果，簡言之，就是為了報復。因此，這是濫用權力，違背公益。」[3]

任何情況下都必須公正行使權力。因為通常認為（缺少相反意向的明確表述）國家並不希望給予其公民不公正的待遇。在特定的情況下，公正到底要求甚麼，這大概會成為一個惱人的問題。但是，依據傳統，人們通常認為自然公正（natural justice）的所謂原則有兩大要件。其一，**決策人不應受偏好或個人利益影響（任何人不得在牽涉自己的案件中擔任法官 [he must not be a judge in his own cause]）**；其二，**任何人，如可能遭到不利於自己的判罰，即應有權陳情（該規定的拉丁文 [audi alteram partem，即聽取另一方的陳詞] 確保了其莊嚴的性質）**。法院認為這一原則極其重要，而它還被描述成：

> 建立一個論點所必需的假設……法院必須包含據稱能確保自然公正原則得以遵循因而必不可少的額外要求，以此來補充法案自身規定的訴訟要求（procedural requirements）。關於這一話題，已判案件早已立下原則：為保護可能遭受行政活動不利影響的當事人，如有必要，

法院應隨時準備建議增加條款，以確保訴訟程序的公正性。[4]

有這樣一宗案子：內政大臣溯及既往（retrospectively），增加了終生監禁囚犯（life sentence prisoner）在獲得假釋（parole）考慮之前應服的最短刑期。1997 年斯泰恩勳爵（第 1 章曾經引用）稱，「不論就實際抑或訴訟程序而言，『法治』要求公正的最低標準。」[5]

執行法令授予的決策權時，必須始終致力於達成法案的方針與目標，而不應形成阻礙或達成其他目標。一如前人所述：

> 國會授予酌情權，定是為了致力於達成法案的方針與目標，必須將法案作為一個整體解讀，來確定何為法案的方針與目標。並且，對法院而言，司法解釋永遠是法律問題。在這類問題裏，不可能劃出一條嚴格、快速的界限，但是，各部大臣如因自己對法案的錯誤解讀，或出於其他原因，在行使酌情權時阻撓或違背了法案的方針與目標，而受侵害者還不能得到法院保護，那麼我們的法律就存在缺陷。[6]

在出現此番言論的案子中，農業大臣（the Minister of Agriculture）

有權任命委員會調查投訴，但他莫名其妙地拒絕這樣做。這項原則可以表達得更為簡短有力：「可以說，出於公共目的而授予的法定權力是基於信任，而非毫無條件的。亦即，只有遵從國會授予權力的最初目的，正確合理地行使該項權力，它才具有法律效力。」[7] 有時候，行使法定權力的目的明顯是錯誤的，所幸這種情況鮮有發生。不過還是有個例子令人記憶猶新：20 世紀 80 年代末，西敏寺市政議會（the Westminster City Council）行使其法定權力，計劃出售市內統建住房，讓邊緣選區的屋主取代市內統建住房的租客，因為，相較於統建住房租客，屋主更有可能會投多數黨（時為保守黨 [the Conservative Party]）的票。在這個例子中，因為這一問題未及時送交法院，所以法院沒來得及撤銷該項計劃並阻止其實施。但是，法院發現國會的兩名要員故意濫用職權，並令其補償國會損失，合計 3,100 萬英鎊（最後，他們只支付了部分金額）。[8]

任何一個聲稱自己行使法定權力的人，都不應逾越該項權力的界限，這是一項基本原則。同樣，這一原則十分古老，因此人們所熟知的通常是其拉丁名：越權（ultra vires）。這是常識。如果校長有權讓一名搗亂的學生停課（假設）兩星期，法律上講，校長就絕不能讓該名學生停課一個月。如果地方政府

有權借貸 1,000 萬英鎊，法律上講，就不能借貸 1 億英鎊。如果醫院理事有權強制扣押深度精神病患者，法律上講，就不能強制扣押疾患程度較輕的病人。如果人們可以違背法定限制（legal limits）而不承擔法律後果，那規定法定限制又有何意義呢？如果一項命令聲稱要允許刑事犯罪，那就可視為越權，因為「普遍認定，國會授予法定權力的初衷不是為刑事犯罪提供方便」。[9]

不合理（unreasonableness）是個更為棘手的領域，因為受邀撤銷一項決策的法官多數會忍不住思考，如果自己是決策人該怎麼做，從而會因為自己做出不同的決策，就認為現存的決策不合理。有時候，這一檢驗程序被稱作一種非理性行為（irrationality），人們大概更偏愛這個提法，因為它強調司法介入的門檻很高 —— 確應如此。人們還使用了一些生動的表達來展現這個門檻到底有多高：在一件案子中，一名上議院高級法官（a Law Lord）提及有必要表明政府大臣的指導結果「十分荒謬，他當時一定喪失了理智」，[10] 但在之後的案件中，通常只有在法官判定遭到質疑的決策並非不合理或不理性之時，才會援引這種檢驗程序。要檢驗遭受質疑的行為，一個更正統、更好的辦法就是檢驗是否「任何對其責任擁有充分認識的理智權威（sensible authority）都不會進行該行為」。[11] 但即

使這個辦法也得小心使用，因為，一直以來人們都正確地認識到，「基於同樣的事實，兩個理智的（人）可以非常合理地得出兩個相反的結論，而不會被認為喪失理智⋯⋯並非每個合理的判斷都是正確的，並非每個錯誤的判斷都是不合理的。在某些決定中，法官不應嘗試用自己的觀點去替代其他個體的判斷。」[12] 通常，我們只需要問問，受到質疑的決策是不是「在決策人合理決定的範圍之內」就足夠了。[13] 但是，打個比方，如果一項決定沒有邏輯或者和另一項決定前後矛盾，就應當視為不合理。[14]

如果法官本人行使只屬於別處的權力，這就是篡奪權力（usurpation of authority），而他們自己也在犯法。正如黑爾什姆勳爵在 1983 年哈姆林講座（Hamlyn Lectures）中所說的那樣，第 1 章中引用的湯瑪斯・富勒博士的警告（「人永遠不能高過法律」）不僅適用於各部大臣，而且同樣適用於法官。[15] 但是，要合理行使司法權，監督大臣、下級官員及公共團體，法官不得篡奪權力。法官應當行使「法治」要求其行使的法定權力。當然，對於那些決策遭到否決的人來說，法官不討他們的喜歡。如果遭否決的決策頗受矚目，而且對當時政府而言極具意義，那麼不論其政治立場如何，法官更加不可能討政府的喜歡。同其他任何人一樣，政府也不想輸官司，有可能比其他

人更不想，因為政府自認為代表公眾利益，除了敗訴的花費和沮喪之外，他們還可能遭到反對黨的嘲弄（雖然如果反對黨執政，他們在這種情況下的反應大概也並無二致）。居住在法治國家，這是不可避免的。這個世界上，在某些國家，所有的司法決議都支持掌權者，但我們之中大概沒人想要居住在那種國家去吧。

7 人權

5 法律必須為基本人權提供充分保護

不是所有人都認為這一原則包含在「法治」之內。有人稱，戴熹教授的「法治」概念並非如此寬泛。[1] 拉茲教授曾寫道：

> 原則上，就遵循「法治」要求而言，一個建立在否定人權、普遍貧困、種族隔離、性別歧視、宗教迫害的專制法律體系可能比任何一個更加開明的西方民主國家做得更好⋯⋯比較而言，前者是個比後者糟糕千萬倍的法律體系，卻在一個方面勝過後者：遵守「法治」⋯⋯法律可以⋯⋯設立奴隸制，而不違反「法治」。[2]

這和部分經濟學家所謂的「狹義」的「法治」概念頗為接近。[3] 另一方面，正如傑弗里・馬歇爾（Geoffrey Marshall）指出，戴熹在其著作的第 5 章至第 7 章創造了「法治」這一說法。

在這一部分，戴熹討論了當時所謂的各種「公民自由」（civil liberties），這在本書第 10 章有述。如馬歇爾所言，「如果讀者認為戴熹想要他們形成英國人心中『法治』概念的一部分，這是情有可原的。」[4]《世界人權宣言》和其後各種國際契約將人權保護與「法治」聯繫在一起。歐洲人權法院提到「『法治』概念這一《公約》的靈感源泉」[5]。歐洲委員會（the European Commission）始終認為，民主化、「法治」、尊重人權以及治國有方都緊密相連，不可分割。[6]

因此，雖然任何人都能看出拉茲教授的論點很有邏輯，但我還是強烈反對。我支持一個將人權保護納入其範疇的「廣義」概念。在我看來，如果一個國家對其部分人民進行殘忍的鎮壓迫害，即使將受壓迫的少數人移送至集中營，或者將女童強制暴露荒山是由合法法律詳細規定並予以嚴格執行的，也算不上遵循「法治」。我認為，這會使得「現存『法治』憲法原則」——該原則由 2005 年《憲政革新法案》（the Constitutional Reform Act 2005）第 1 節確認，並獲得世界各國法律的廣泛認同——喪失多數優點。2007 年 7 月 6 日，國際律師協會（the International Bar Association）在莫斯科舉辦了一場專題研討會，會上，俄羅斯聯邦憲法法院院長（the President of the Constitutional Court of the Russian Federation）V・D・佐金

（V. D. Zorkin）也接受了這一觀點。在關於法律之道德（the morality of law）的講座中，他說道：

> 通過自由法，承認國際法的共同原則及細則，建立相應的國家和公共機構，這些舉措對於實現真正的「法治」而言還遠遠不夠。在法律發展的每個具體階段，人類對法律的理解都不一樣。因此，用法令闡釋法律的本質也很重要。偉大的哲學家斯賓諾莎（Spinoza）說過，法律是自由的數學。

不能簡單地認為，法律僅僅只是政府下達或者國家發佈的命令。20世紀，有兩個平行發展的法律悲劇。一個是集權的蘇聯共產主義（Soviet Communism），另一個是德國納粹主義（German Nazism）。在蘇聯，經史太林（Stalin）政權下的理論家維辛斯基（Vyshinsky）努力，法律等同於制定法，也等同於無產階級的意志（不如說是「獨裁」）。根據這種邏輯，只要是國家以制定法形式確定的法律，就一定是合法的。

希特拉（Hitler）卻是另一種思考方式，雖然和共產主義的思想體系完全相反，但殊途同歸。在納粹德國，法律是德國國家意志的表達，而德國的國家意志由領袖（Führer）體現。因此，法律只作為一系列制定法存在。

這兩大體系屠殺了數百萬民眾。對它們而言，法律由制定法確定，且包含在制定法之中。

當然，應當由國家來決定，要通過法律保護哪些權利，並對違法行為施以何種懲罰。

但這是一個棘手的領域，因為目前人們並未就基本權利和基本自由達成共識，甚至在文明國家（civilized nations）裏也沒有。有些發展中國家（developing countries）看重經濟增長，而非保護個人的基本權利。在有些伊斯蘭國家，別國珍而重之的權利幾乎不受任何保護。必須承認，有些基本人權的界限並不清晰。但是，關於這一界限能否在特定時期形成，人們通常能在很大程度上達成共識，儘管標準會隨時間變化。實在不行，還可以訴諸法院，讓法院規定界限。我認為，**要指出英國和其他發達的西方或西化國家所謂的「基本權利」和「基本自由」是可能的，而「法治」則要求這些權利和自由受到保護。**

在這樣一個長短適度的章節之內，我不應該粗略描述如今本國為基本人權提供的保護。但我得簡要回顧一下經常在各種討論和法庭判決中扮演重要角色的那些權利，並得出以下這些結論：多年來，普通法和制定法都對這些權利給予了大量保護；但保護是有差異的；《歐洲人權公約》包含的權利和自由通過 1998 年《人權法案》在我國生效。事實上，它們才是「基

本」權利和「基本」自由。從這方面來說，它們必須得到保護，任何自由民主國家（譬如英國）的居民都不應被勒令放棄這些權利；正如有時說的，對這些權利的保護並非要讓個人權利凌駕於其所屬的集體權利之上。列入《人權法案》的公約權利為我的觀點提供了一個方便闡釋的理論框架。

第 2 條　生命權

該條款規定：「每個人的生命權都應受到法律的保護」，並嚴格界定了可以合法剝奪他人生命的情況（譬如，為保護另一個人免受非法暴力侵害而絕對有必要剝奪施暴者的生命）。現在，這些例外並不包括罪犯定罪之後，國家執行死刑的情況。生存權被描述為最基本的權利。[7] 顯而易見，除非一個人活着，否則無法享受其他權利。

正如料想的一樣，長期以來，英國法通過各種方式保護這一權利，包括（且尤其是）：宣佈謀殺、誤殺、殺嬰、危險駕駛致他人死亡為非法，不接受安樂死（euthanasia），以及要求因疏忽而導致他人死亡，但未構成刑事犯罪的人承擔民事責任。1961 年以後，自殺不再是犯罪。但是幫助他人自殺或企圖自殺依然是犯罪。這和歐洲人權法院對第 2 條的解讀是認識

一致的，即不在無正當理由的情況下殺人是成員國應遵守的實質性義務（substantive obligation）。但其認識並未局限於此，該法院認為第 2 條通過施加實質性義務，建立了一個法律、預防措施、訴訟程序和執行方法的框架，而這個框架能夠在最大程度上切實保障生命安全。[8] 除此之外，法院還認為，除卻實質性義務，第 2 條還施加給成員國程序上的義務作為補充：在任何死亡事件中，如在上述實質性義務之一受到侵犯的情況下發生命案，並且政府機關（agents of state）可能牽連其中，那麼，應由獨立的官方機構對此展開有效的公開調查（public investigation）。[9] 2000 年 3 月 21 日，一名年輕的亞裔囚犯在費爾森懲教所（Feltham Young Offenders' Institution）被另一名瘋狂的獄友毆打致死，於是，上議院在 2003 年 10 月宣佈對其死亡進行公開查問（public inquiry），[10] 若無《人權法案》，這項命令不可能出現。

第 2 條是死亡發生之後可以援引的條文，因此它無法為死者提供補償（redress）。但是，死者的家人和近親理應被視為受害人：他們有權查明真相，也可以通過懲戒措施了解到罪犯已經汲取教訓，從而獲得安慰。這絕不是説受害人的權利高於集體權利。《公約》規定的例外情況 —— 為保護另一個人免受非法暴力侵害而絕對有必要剝奪施暴者的生命 —— 和更寬

泛的普通法有一致之處，後者允許公民使用武力保護自己的人身或財產安全，只要基於殺人者本人認定的事實，其所使用的武力屬於合理範圍即可。普通法沒有讓受害人喪失保障，不允許使用超出合理範圍的暴力殺人。

第 3 條　禁止酷刑

《公約》第 3 條規定：「任何人都不應遭受酷刑或遭受不人道、侮辱性的待遇或懲罰。」如第 2 章所述，普通法（之後是制定法）在幾個世紀前開始堅決反對酷刑，而 1689 年《權利法案》禁止施加殘忍且逾常的懲罰。很長一段時間以來，多種對人身的暴力侵害要麼在刑事上可予以懲罰，要麼在民事上可予以訴訟，或者兩者皆可。大多數人都認為，保護自身不受《公約》所禁之事的傷害是非常重要的，有這樣的想法毫不出奇。

但是，時代在改變。1993 年，樞密院司法委員會聽審了一宗來自牙買加的上訴。該案中，一名罪犯被合法判處死刑，但在接受判刑並等待執行的過程中，該囚犯在死囚牢房中等候時間過長，此時再對其執行死刑是否屬於殘忍且逾常的懲罰（這是牙買加憲法 [the Jamaican Constitution] 第 17 [2] 條的

原文）呢？委員會最終判決（和先前的判決不同）這確實屬於殘忍且逾常的懲罰。[11] 愛爾蘭曾就民族主義嫌疑人在北愛爾蘭（Northern Ireland）遭到的待遇控告英國，歐洲人權法院認為，愛爾蘭指控的待遇雖然不人道，而且帶有侮辱性，但算不上酷刑 [12]。不過，如果是現在，儘管基於同樣的事實，法院卻很可能做出不同的判決。在後來一宗案子中，歐洲法院裁決：

> 考慮到《公約》是「一部活着的文書，必須從當今的角度去解讀」……過去視為和「酷刑」相對、「不人道、侮辱性的待遇」在將來可能並非如此……在人權和基本自由保護方面的要求越來越高。相應地，這不可避免地要求我們在評估違反民主社會基本價值觀的行為時，要更加堅定。[13]

在蘇格蘭的一宗案件中，法院裁定格拉斯哥（Glasgow）巴里尼監獄（Barlinnie Prison）條件太差，違背了第 3 條相關規定。[14] 顯然，第 3 條已經超出了普通法的範疇。

第 4 條　禁止奴隸制（slavery）和強迫勞役（forced labour）

第 4 條規定「任何人有免受奴役的權利」，還規定「任何人

有免於服強迫勞役的權利」。不過，以上規定存在例外情況（監獄勞動、義務兵役、替代役、國家在嚴峻情況下要求的勞役，以及一般性公民義務）。

這和英國的普通法與制定法幾乎一致。它禁止奴隸制，還禁止 20 世紀盛行於歐洲某些地區的強迫勞役。同樣，心智健全的人都不願放棄該條款的保障，而其中規定的例外情況亦承認了集體的需要。

第 5 條　人身自由及安全之權利

第 5 條很重要，並在很多案件中被援引。本條款從一開始就宣稱：「每個人都擁有人身自由和安全的權利。」接著，它規定，「在遵循法定程序的前提下，除以下情況之外，任何人的人身自由都不應被剝奪。」這些例外情況包括：定罪之後，法庭下達的拘留令；違反法庭判決引起的拘留；為了讓犯罪嫌疑人出庭或者防止其繼續犯罪或犯罪後逃逸而進行的拘留；出於教育目的，對未成年人進行的拘留，或者為將其移送至主管當局進行的拘留；對精神錯亂者、酗酒者、癮君子、流浪漢以及傳染病患者進行的拘留；為防止非法入境進行的拘留，或者是在等待驅逐出境或引渡期間進行的拘留。除非屬於上述一種

或幾種情況，否則任何人都不應遭拘留。

在此主要規定之上，還有很多附加規定作為補充。逮捕任何人之後，使用其能夠理解的語言告知其被捕原因及面臨的指控。應當及時對嫌疑人進行審訊，嫌疑人有權在合理的時間之內受審，或者在審判前釋放 —— 可能是保釋。被拘留者有權通過快速的司法程序判定其拘留的合法性，如最終判定拘留非法，應釋放被拘留者。任何人遭受違反本條款的拘留，都須予以賠償。

數年之前，掌卷法官（the Master of the Rolls）利明頓的唐納森勳爵（Lord Donaldson of Lymington）認為：「從小到大，大人都教育我們要相信：在法律管轄之下，公民自由是最基本的自由權。而我們亦如此堅信。」[15]《大憲章》、人身保護令、權利請願書、光榮革命和詹姆斯·森麻實的故事都已表明，這的確是事實。幾個世紀以來，英國國民一直認為，在本國，個人自由受到的保護，是世界其他地方難以比擬的 —— 這不無道理。當然，人身保護令是保護手段之一，同時還有其他保護措施：其他違憲審查程序，以及宣佈不正當拘留為犯罪兼可起訴的民事過失。以上總結了准許拘留的各種理由，它們都遵循了普通法，而且很可能在擬定《公約》時，受到英國磋商者的啟發。

但不可否認的是，憑藉國會的授權（國會要求法庭和公共機關遵循《公約》），《人權法案》已經授權法庭明確各種侵犯自由的行為，且發佈相關告示。如果不是這項法案，遭到侵害是不能得到任何補償的。在貝爾馬什案（the *Belmarsh* case）中，幾名恐怖主義嫌疑人在未經指控或審判的情況下被拘留。[16] 在另一起案子裏，幾名恐怖主義嫌疑人每天都被限制在指定的公寓中長達 18 小時，並接受嚴格的管制。[17] 這兩個例子都是對自由的非正當剝奪。但是，我們通常必須決定控訴的內容是否構成對自由的剝奪，而一般認為，一名警員運用其法定權力短時間攔阻、搜查和盤問他人不算剝奪其自由。[18] 2001 年在倫敦，警察將示威者圍阻在牛津廣場（Oxford Circus）達數小時之久，而這是否屬於剝奪自由，司法意見和專家意見尚未達成統一，而上議院則裁定此舉不屬於剝奪自由。[19]

毫無疑問，肯定有人想要把所有的恐怖犯罪和嚴重犯罪嫌疑人都鎖在屋裏，然後，就像古話說的那樣，扔掉鑰匙。但根據定義，嫌疑人本身並未證明有罪。即使有理由懷疑，最終也可能是一場誤會。很多可歎的誤判也證明了這一點。警官和安保官員（security official）也可能犯錯。如果一個人並未犯罪，而且沒有犯罪企圖，其自由卻遭到長期剝奪，這顯然是不公正的。任何文明國家都無法容忍。

第 6 條　公平審判之權利

該條款之於「法治」極為重要，它甚至要求有自己的原則：請見第 9 章。

第 7 條　罪刑法定（no punishment without law）

該條款規定：「任何人就其所從事的行為，不論是作為或不作為，若該行為發生時，該行為尚非國內法或國際法所規定可以追訴的犯罪行為，則行為人不應為該行為而受到處罰。同時，禁止判處較犯罪行為發生時法律規定之刑罰更重的刑罰。」此外還有一條例外規定，可能是為了涵蓋對納粹領導人進行的紐倫堡審判（the Nuremberg trial）而制定的。該條款包括，在行為當時，根據文明國家承認之法律總原則應判有罪的作為及不作為。

這是一條簡單的公正規則，任何孩子都可以理解，自古羅馬時代起，它在大多數法律體系中扮演着主要角色。長久以來，這一規則在英國法中的分量頗重，儘管並未一直得到貫徹執行：亨利八世 [20] 治下，曾有一項法令要求將羅切斯特主教（the Bishop of Rochester）的廚師 —— 一名叫做理察・羅斯

的人（Richard Rose）——烹煮至死（因為他曾在廚房內往主教的粥裏投毒）。但這是很久以前的事了。有時候，新法令溯及既往的效力會產生很多棘手問題，但關於這一點，法律已經講得很清楚：你不會因行為當時並非有罪之行為而遭受刑罰，亦不會受到比行為當時應受之刑罰更重的懲罰。

第8條　尊重私生活及家庭生活之權利

同《公約》中其他條款相比，第 8 條在一個方面有所不同。和目前討論過的所有條款相比，第 8 條則在另一個方面有所不同。

第 8 條和其他條款不一樣，因為它給予的不是獲得某一特定結果的權利（生命、自由以及公正審判，諸如此類），而是得到尊重的權利。第 8 (1) 條規定：「每個人都有其私人及家庭生活、住家以及通訊隱私得到尊重的權利。」這一條款承認，大體而言，我們有權對自己隱私和私人生活的重要方面保密，哪怕是國家也無權干涉。

但是，第 8 (1) 條中受到尊重的權利仍然受到限制，這一限制條件大概可以稱作集體特例（community exception），即為了集體的利益，滿足某些相當嚴苛的條件後，可以對個人權

利予以適當限制。集體特例同樣適用於第 9 條、第 10 條和第 11 條，雖然說法各有不同，但實際效果無甚差別。在第 8（2）條中，集體特例（這是我的叫法）規定：

> 公共機構無權對此權利的運用進行干涉，除非是在遵循法律的前提下，民主社會為維護國家安全、公共安全或國家經濟福利，防止騷亂、犯罪，保護健康、道德，或者保護他人權利及自由而有必要進行干涉。

因此，為了大集體的利益，可能不得不犧牲個人權利，但前提是必須滿足以下三個條件：干涉必須遵循法律（其他條款使用的是「由法律規定」這一說法，這能更好地傳達意旨）；干涉必須出於一個明確的目的；干涉不僅應該是可取的、有用的或者合理的，[21] 而且在民主國家內應該是必須的，此外還應該是適度的。

在這個方面，普通法規定的保護措施有些參差不齊。普通法認定襲擊（定義極廣）以及任何人身傷害屬於非法，並規定了相應的民事補救措施。歷史上，普通法堅決維護個人家庭不受侵害的權利。因此愛德華‧庫克（Edward Coke，大概是有史以來最具影響力的英國法學家）有句名言：「一個人的家就是他的城堡」，[22] 而查泰姆伯爵（the Earl of Chatham）的一番

話也同樣有名:

> 即使是最貧窮的人,也可在他的小屋裏藐視國王的
> 一切權力。小屋可能脆弱 —— 屋頂在搖晃,大風可以穿
> 堂而過,暴風雨可以打進來,雨水可以淋進來 —— 但英
> 格蘭國王不可以進來,他的任何武力都不敢跨過這座破
> 爛小屋的門檻![23]

但那也是很久以前的話了。最近的一本小冊子《跨過門檻》[24]
(*Crossing the Threshold*)討論了「國家可以進入你家的 266
種方法」(現在看來,這還是極大地低估了實際情況,詳見第
11 章)。這些進入民宅的理由都得到國會保障,且可援引《公
約》認可的目的作為其正當理由。但很明顯的是,現在,進入
一個英國人的房子比柯克和查泰姆想像的要容易得多。沒有英
國法律如《美國憲法第 4 修正案》(第 2 章曾引用過)那樣,為
這一權利提供保護,後者規定,「所有人擁有其人身、房屋、
文件及個人財產不受無理搜查和佔有的權利,不可侵犯……」
除非歐洲法院強制命令政府立法,否則普通法無力阻止國家
對私人通話內容進行非法竊聽。[25] 在保護保密義務(duties of
confidence)方面,普通法亦沒有連貫的規定來保護隱私,[26]
譬如,囚犯與其律師通訊的隱私。[27]

依據《公約》裁定的案件表明，普通法對於個人自治權（personal autonomy）的主張並不在乎，而這是一個棘手的領域。關於第 8 條規定的權利，雖然其核心足夠清楚，但其外延卻更加模糊。歐洲法院認為，「私生活」已經延伸為個人身份或其作為社會人的能力不可分割的一部分，[28] 但是，要區分違反第 8 條的擅闖民宅行為和不論多麼令人反感卻不算違法的闖入，這需要艱難的判斷。雖然這個領域可能很棘手，但它並非不重要。隨着政府部門累積的公眾材料呈幾何級數增長（見第 11 章），確定政府的合法權益何時會變成老大哥（Big Brother）式的擾人監視，已成為愈加緊迫的問題。

第 9 條　思想、信仰及宗教自由

第 9（1）條將現代多元社會的基本價值奉為神聖。該條款規定：「任何人均有思想、信仰及宗教自由的權利。具體包括兩個方面，其一，任何人均有改變其宗教或信仰之自由；其二，不論獨處或與他人共處，不論在公共場合或私人場所，任何人皆有在信奉、傳授、實踐以及奉行中表明其宗教信仰之自由。」根據第 8（2）條，表明宗教信仰的自由受到集體特例的限制，這一特例和前文提及的頗為類似。因此，你可以按照

自己意願選擇宗教信仰，前提條件是你不把它們對外公開，或者只讓志同道合的人知道。如果你的信教行為對他人造成了影響，那麼，在符合法律規定，為民主社會所需且有明確目的的前提下，國家可以採取相應的限制措施。

現今（經歷過跌宕起伏的歷史），在西方國家，該權利被視為基本原則，而集體特例準則的地位也同其不相伯仲，因為在任何一個社會，總有一些習俗會超出公眾的接受限度。如果信奉其他宗教的人出於宗教原因戒酒、茹素，這些表明其信仰的行為並未侵犯整個社會的利益。但是，不論其他宗教或傳統的追隨者多麼重視其習俗，同我們這兒一樣的社會也不會允許把人類用作犧牲，不會准許寡婦在亡夫的火葬儀式上自焚或割去生殖器。在世界上的很多國家，一個男人可以合法擁有幾名妻子，但在我國不行：每段婚姻一名配偶，就已足夠。

這些都可以說是很簡單的例子。而在模棱兩可的案子（borderline cases）中，問題不可避免會產生。錫克教教徒（Sikh）不理髮，而在未修剪的頭髮上戴一把梳子（戴頭巾與此關係密切）。那麼，他們能否不遵守他人必須遵守的規定，而在騎摩托車時不戴頭盔，或者在建築工地作業時不戴安全帽？答案是「可以」。[29] 在入獄時，拉斯特法里教徒（Rastafarian）是否需要和其他人剪掉頭髮一樣，剪去其長髮綹？還有，他們

是否可以吸食大麻，而免於常規禁令的懲罰？兩個問題的答案都是「不」。監獄長接到過指令，如果拉斯特法里教徒希望保留長髮綹，則應遵從其意願。但毒品法在適用於他人的同時，一樣適用於他們。[30] 有的家長出於宗教原因，相信體罰的道德價值，而這一信念基於《舊約》(the Old Testament) 的某些內容。國家能否不顧這些家長反對，禁止學校實施體罰？上議院認為國家可以這樣做。[31] 如果一所學校的大部分學生都是穆斯林 (Muslim)，其管理機構亦由穆斯林主導，那麼，這所學校是否有權堅持穆斯林教義規定的穿着準則，而禁止一名學生穿他想穿的衣服？上議院認為該名學生有權穿他想穿的衣服。[32] 但是，有關佩戴宗教標誌及穿戴宗教服飾的問題還可能再次出現。

「法治」要求，信仰及習俗自由等基本權利應當得到保護，但並不是說對它們毫無限制。個人基本權利必須和他人的權利聯繫起來。因此，制定界限是必要的。

第 10 條　言論自由

自 1644 年大詩人約翰・米爾頓 (John Milton) 發表《論出版自由》(*Areopagitica*) 以來，即使 —— 在不列顛和其他地

方——言論自由沒有得到充分的尊重，其重要性也已經為大眾了解。在米爾頓看來，言論自由之所以重要，是因為「雖然各種學說流派可以隨便在世上傳播，但真理也已經親自上陣；我們如果懷疑她的力量而實行許可制和查禁制，那就是傷害了她。讓她和虛偽交手吧。誰又看見過真理在放膽交手時吃過敗仗呢？」人民應當擁有充分的訊息，享受足夠的權力，在分歧的觀點以及可能的行動方案中做出取捨，而在現代民主國家，因為最終決定是由人民做出的，因此，這一點愈加重要。當然，媒體扮演的角色十分重要。有人說過：「在現代，要想全民參與的民主正常運作，媒體就必須自由、活躍、專業，而且刨根問底。」[33] 所以，第 10（1）條的重要性毋庸置疑，這一條款起首就宣稱：「每個人都擁有言論自由之權利。」因此，我們擁有保持個性的自由（第 8 條），思考的自由（第 9 條），按自己意願談論和寫作，以及通過遊行示威表達自己觀點的自由（第 10 條）。第 10（1）條接着規定：「該項權利包括堅持觀點，接受和告知訊息和思想而不受公共機構干涉，不受限制的權利。至於國家對廣播、電視或電影事業的許可證要求，本條款並不禁止。」時至今日，比起當年米爾頓生活的英格蘭，他的夢想更接近實現。

第 10（2）條包含了一個集體特例，取決於前文提到的條

件，但包含了一份更長的清單，指明了具體對象，包括：維護領土完整的利益，保護他人的名聲或權利，防止洩露機密，還有維持司法權威及公正。

在《人權法案》宣佈第 10 條在我國生效之前，（不同於美國）不列顛並沒有法定的言論自由權。這並不是說，在不列顛進行公開討論會受到極大限制。其實，只要不是禁止內容，每個人都能按照其意願自由地寫作和談論。這項權利存在於禁令以外的廣大區域，被禁的言論包括：誹謗中傷、對他人商品的惡意貶損、藐視法庭的言論、侵犯版權的言論、淫褻言論、煽動反政府的言論、煽動叛亂或教唆犯罪的言論、洩露官方機密的言論。

駐斯特拉斯堡的歐洲法院近來做出的判決呈現出一種趨勢，即擴大人們以前在不列顛享有的言論自由，此趨勢涉及藐視法庭 [34] 和依據誹謗證明可索回的賠償金。[35] 很多評論家，尤其是媒體行業的評論家認為，英國的誹謗法限制過多，因此新聞界當然沒有批評公眾人物的自由，而這種自由在有的國家早已盛行，美國尤然。我們面臨的挑戰是，在為媒體提供調查、報道、告知及評論的最大自由之時，還要為它們調查、報道、告知及評論的對象提供合理保護，尤其是包括政治人物在內的公眾人物。

第11條　集會及結社自由

　　第 11 條是上述權利的必然結果。我們擁有保持個性的自由、思考的自由、言論的自由，還有（根據該條款）選擇自己中意的同伴的自由：我們可以結交任何願意與自己結交的人。因此第 11 (1) 條規定，「每個人都擁有和平集會及結社之自由權利，包括為維護其自身權益組織及參加工會之權利。」通常認為，「參加工會的權利」也包含可以自由選擇不參加工會的權利。[36] 這是名副其實的選擇。但在第 11 (2) 條中，我們又發現了一條集體特例，該特例還新增了一點內容：「本條款並不禁止軍隊、警察或國家政府部門成員對上述權利施以合法限制。」

　　現在，該條款再次超出了本國現行法的範圍，英國的法律並未授予類似的集會或結社權利，而在很大程度上依賴於禁令的空缺。但是，這一權利仍可視作一項重要權利，主要基於以下兩大原因。首先，人類是社會性的動物，對很多人而言，滿意且圓滿的生活取決於他人的陪伴和支持，因此，個人尋找陪伴和支持的機會不應被剝奪。此外，集會和結社自由具有民主政治的特點，藉集會和結社，個體可以集合在一起，宣傳並致力於其信仰的事業，這比自己單打獨鬥有效得多。囚禁的

一大特點即剝奪囚犯選擇同伴的權利，而這亦是懲罰的目的所在。在可以和誰會面，以及誰可以來探訪這些方面，受控制令（control order）約束的嫌疑人同樣受到嚴格限制。[37] 當然，在特定情況下，這一重要的自由權必須受到限制，正如（打個比方）一場暴亂即將發生之時。但是，我認為，沒人會願意自己的社交關係受到國家控制。

第 12 條　婚姻權

第 12 條規定，「根據相關國內法規定，到達適婚年齡的男女均有結婚及組建家庭的權利。」因此（如英國一樣），國家可以規定合法婚姻所必須達到的年齡和必須滿足的資格，以及必須遵循的程序，但也僅此而已。除此之外，該項權利並無集體特例。雖然在英國，同性伴侶可能是合法承認的民事伴侶關係，但是（在美國的某些州）人們無權成立同性婚姻。到目前為止，對第 12 條的闡釋亦未包括這一要求。

顯而易見，本條款針對的濫用職權行為包括，禁止不同人種及不同宗教的人通婚，以及強行對未達到國家規定之優生標準的人施行絕育手術。在當今英國，要説這一條款還有實際意義，似乎不大可能。但在最近的一批案件中，內政部（the

Home Office）裁決稱，某些移民在建立一段民事婚姻前必須獲得政府大臣所頒證書這一做法違反了本條款。[38] 亦有（內政部也接受的）判決稱，這一做法涉嫌歧視。關於這一問題我們就得看看法案中的下一條款了。

第 14 條

第 14 條規定，「本《公約》所規定之權利與自由應為所有人享有，並得到保障，而不因諸如性別、種族、膚色、語言、宗教、政治或其他觀點、國家或社會背景、屬於某一少數民族、財產、出身或其他身份地位之類任何因素而受歧視。」

關於這一條款可以得出兩個結論。首先，它禁止的歧視行為並非完全獨立。如果你只是單純抗議自己受到了上述的某一種歧視，這一般是無效的：你必須更進一步，和《公約》規定你應享有的某一項或幾項權利與自由聯繫起來，表明你遭受了《公約》禁止的歧視。

你無需證明某項權利確實受到了侵犯，但你必須證明歧視行為發生在《公約》條款規定的某一方面（或者，用案件中的話來說，就是範圍 [ambit]）之內。

第二個結論即是，第 14 條涵蓋的範圍極其廣泛。羅列的

因素十分周全，涵蓋了大部分歧視可能產生的原因。但即使是這樣一份範圍廣泛的清單也不詳盡：被禁的只是「基於諸如此類原因而產生的」歧視行為，因此並不排除因其他原因產生的歧視；[39] 而「其他身份地位」這一表述明顯足夠寬泛，能夠涵蓋當時《公約》起草人尚未想到的因素。這一表述曾被解釋為「能夠將人或羣體區分開來的個人特質」。[40] 一個人的職業地位、就業狀況、軍銜、住所以及曾任職於克格勃（the KGB）的經歷都可以納入。[41]

在其廣泛的管轄領域內，本條款貫徹了「法律面前，人人平等」這一原則。如果僅僅因為某人是女性、同性戀、受排擠的種族、黑人、猶太人或吉普賽人，或因其使用小眾語言，或因其乃共產黨人、貴族或地主，而削弱其享受《公約》規定之各項權利與各項自由的權利，這是不可容忍的。憲章和各項權利法案存在的目的就是保護受排擠的少數羣體。幾乎在每一個國家，多數人（通常包括富人及權貴）都能照看好自己的權益。

《公約》正文中的主要條款由其後的議定書（protocol）加以補充，聯合王國賦予了其中某些議定書以法律效力。以下兩條值得一提。

第 1 號議定書　第 1 條 財產權

該條款包括兩條規定。第 1 條規定：「每個自然人或法人

均有權和平保有其財產。除非出於公共利益考慮,並在遵守法律及國際法總原則規定的前提下,否則任何人的財產都不能剝奪。」第 2 條是對限制條件的解釋:「但是,如國家認為,為維護大眾利益或者保障稅收或其他捐款或罰款,必須控制財產的使用,則上述規定不能侵害國家執行此等法律之權利。」

該條款主要做了兩件事。其一,禁止隨意沒收他人財產或所有物而不進行賠償。津巴布韋的白人農民遭受的待遇是最典型的這類違法行為。不過,第二條承認,在某些情況下,為了集體利益,可能必須侵犯私人財產權。或許出於修建高速公路或機場的需要,國家要徵用我的農場,但國家必須證明徵用的必要性並且給予我補償。為防止我的工廠污染大氣或當地河流,可能要管制我使用土地的方式。如果我沒有繳納所得稅或社區稅(council tax),或者未能履行法庭判決,可能要沒收並出售我的部分商品。但正如法律所要求的那樣,這些行動必須遵從法律規定。

第 1 號議定書　第 2 條 教育權

第 1 號議定書第 2 條起首宣稱,「每個人都擁有受教育的權利。」這並不意味着,每個人都有權要求在其選擇的機構學習其選擇的科目,而是意味着,每個人都擁有平等的途徑,接受其所在郡提供的教育。[42] 該條款接着規定:「在執行有關教

育及教學相關之職能時，國家應尊重家長依其宗教及哲學信仰選擇子女所受教育的權利。」我國已判決的案件提到義務性教育 [43]（sex education）、宗教教育 [44]（religious education）和體罰 [45]（corporal punishment）等問題。本條款的主旨和多年來聯合王國教育政策的主旨是相符的：特定年齡以下的兒童應接受義務教育；所有人都有享受國家教育設施的權利；家長的合理願望應得到盡可能的尊重。

結論

緊接着《世界人權宣言》和二戰結束，《歐洲公約》在 1950 年議定通過，這並非純屬時機巧合。在那段時期，上述的所有權利都被蓄意侵犯，壓迫和暴政給歐洲大陸留下了斑斑創傷，而《公約》就是對壓迫和暴政作出的回應。西歐主要國家交換意見，明確了它們認為各國公民應當享有的最基本權利。在商議合約的過程中，最為顯眼的莫過於英國人和法國人。因為英國在二戰中取勝，其制度和傳統的有效性得到了公眾認同。於是，英國人認為自己沒甚麼要學習的了，反而覺得將自己的價值觀和比自己不幸的人分享頗為重要。法國人為其 1789 年的《人權與公民權利宣言》深感自豪，也覺得自己無甚

可學。他們後來會發現，並非全部光輝都能照亮別國的眼目。

　　過去大約十年以來，《人權法案》和由其賦予在聯合王國內法律效力的《公約》都在某些方面受到攻擊。當然，對於本國法院及歐洲法院的判決，人們也可能持有合理的反對意見。但《公約》方案中大多數所謂的缺點都是源於誤解，而批評家最終必須回答兩個問題：你會放棄上述哪一項權利？你是否願意居住在一個這些權利不受法律保護的國度？在此，我要重複本章開頭的論點：**「法治」要求法律必須為基本人權提供完全充分的保護。**對公共機構而言，遵守法律條文是個良好的開端，但如果某國法律不為公認的人類基本權利提供保護，那麼即使遵守法律條文，也是不夠的。在所有《公約》的締約國中，《公約》保障的主要權利均受到保護。不過，如果原告在本國的起訴並不成功，他可以到駐斯特拉斯堡的歐洲法院繼續上訴。《公約》可能還應繼續增加一些權利 —— 這大有益處，但不能刪減已規定的權利 —— 這會出問題。但是，現在最緊迫的問題並非是否應該擴大《公約》涵蓋的範圍，而是斯特拉斯堡的歐洲法院能否應付眼下極待審理的大量案件。[46]

8 解決糾紛

必須為當事人無法自行解決的真正的民事糾紛提供解決辦法，不應收費過高，不應延誤過長

似乎「所有人均受法律約束，並有權受到法律保護」這一原則含有一個明顯的意思，即每個人最終都能通過起訴，讓法庭裁決其民事權利與權利主張。對任何人而言，不能強制執行的權利或權利主張毫無意義。

在烏托邦（Utopia），大概永遠都不會有民事糾紛：公民融洽共處，一切和諧。但我們居住在一個未臻於烏托邦（sub-utopian）的世界，在這裏，分歧的確會產生。但如果認為分歧僅僅因為這一方或那一方的欺騙、不擇手段、惡意、貪婪或固執才會產生，那就大錯特錯了。當然，有的訴訟當事人（litigant）的確存在這些問題。不過，有關一份合同、財產轉移證書或遺囑的意思，事故責任，父母分居後小孩歸誰撫養，

人行道的使用，國會立法的執行或者大臣或地方政府官員的決策等問題，即使是完全理智且動機純良的人，也可能持有截然相反的觀點。此時就需要一項具有法律約束力的裁定。如果勝利只屬於強者（用現代人的話來講，就是能夠派出最彪悍訟棍的一方），就不符合糾紛當事人或整個社會的利益。

我在此處所講的話，請勿理解為是我別無他計，只能採取那些令人失望或是鄙視的措施，這些措施有時可稱為解決糾紛的「替代」——最好改為「補充」——辦法。從很多方面來講，其中有一項措施是解決民事糾紛最好的辦法，即調解（mediation 或 conciliation）。這一過程需要一名獨立的調解人參與，調解人負責調查當事人存在分歧的意見和目的，並努力勸說雙方達成彼此都能接受的折衷方案。如果折衷方案最終得以達成，或許雙方都不會完全滿意，因為有可能沒有一方取得了希望取得的結果，但同時也沒有一方須要承受徹底失敗的痛苦羞辱以及對簿公堂（antagonistic litigation）的不快。同強加給雙方的裁決相比，雙方都接受的和解方案可能更容易贏得尊重。即使最終無法達成折衷方案（這是通常的情況），當事雙方固然浪費了一些時間和金錢，但比起訴訟，這些時間和金錢還算是少的。

調解之外的另一個辦法是仲裁（arbitration）：通常由當

事雙方指定一名獨立的仲裁人，仲裁人在當事雙方的授權範圍（terms of reference）內對糾紛做出裁決。不論在糾紛發生之前或之後，仲裁只能通過協議（agreement）實現，而在仲裁時，仲裁人有權做出裁決，其裁決對當事雙方均有法律約束力，並可經由法庭程序加以執行。

但是，在有的案件中，當事雙方雖然努力嘗試解決分歧，仍不能遂願；他們不能就調解程序達成共識，或者調解程序不能得出折衷方案，他們不同意進行仲裁，而明顯需要公開且權威的法庭裁決：譬如，對一項國會法案的含義、一份商業合同的標準形式或者官方行為的合法性存有疑問之時。此時，「法治」就要求保證人們有途徑提出訴訟。為滿足這一要求，大多數法律體系（當然包括不列顛）都面臨着兩大長期存在的障礙：其一乃開支，其二乃延誤。

人們不無諷刺地說過，在英國，公正就像豪華奢侈的麗思酒店（the Ritz Hotel）一樣，理論上是面向所有人的。這種抱怨不算新奇。350 年前曾有人說過：「每個人都抱怨公正的延誤……救濟比疾病還糟糕……為了索回 5 英鎊，人們還得花費 10 英鎊。」[1] 這個問題的來源一清二楚：很少有人能夠正確評估一項權利主張的把握，並在沒有專業人士幫助的情況下提起訴訟。但是，就像水管工和電工一樣，事務律師（solicitor）和

出庭律師（barrister）通常都要收費；另外，訴訟是一項勞動強度極高的工作。打個比方，通常即使一單小案子都比歷時最久的外科手術需要更多時間。因此，費用一般很高。蘇格蘭人早在 1424 年就認識到這一問題。所以，他們制定了世上第一部授權對窮人施行法律援助的制定法，規定「如果有窮人缺少手段或途徑施行法律行動」，則應給予其免費的法律援助。70 年後，英格蘭步武蘇格蘭[2]，但它們這兩種方案都未克盡善[3]。19 世紀末，維多利亞王朝末期有很多人表現出特有的務實慈善之心（practical philanthropy），在倫敦東區（the East End of London）的曼斯菲爾德小區（the Mansfield House Settlement）和湯恩比館（Toynbee Hall）以及本國其他貧困地區建立了大量免費的法律諮詢中心（最初被稱為「窮人的律師」），由志願者管理。[4] 但人們愈加清楚地意識到，這還是不能滿足巨大的需求，此外，擁有大陸法系 —— 它的條文略勝一籌 —— 經驗的流亡學者（refugee scholar）對英國法律體系的批評使情勢變得更加嚴峻。E·J·科恩（E. J. Cohn）博士是其中一位，他把當時的情況描述得相當清楚：

> 現代國家有義務為其公民提供法律援助服務，這應當作為一項原則予以貫徹。這屬於對公民個人保護的一

部分,從公民和國家關係的現代概念來看,無力自保的弱勢公民可以要求法律援助。現代國家努力保護貧困公民免於遭受日常風險,譬如失業、疾病、衰老、社會壓迫等。那麼,當法律問題出現之時,國家同樣應該提供保護。其實,這類保護比其他任何形式的保護有着更為充分的存在理由。國家無須對流行病爆發、人口衰老或經濟危機負責。但國家確須為法律負責。法律是為所有公民制定的,對窮人和富人都一樣。因此,國家有責任令其制度正常運轉,公平對待富人和窮人。[5]

要求改革的壓力在 1949 年《法律援助與法律諮詢法案》(the Legal Aid and Advice Act 1949)中達到頂峰,該法案是戰後艾德禮(Attlee)政府的偉大成就之一,只是不那麼出名。半個世紀以來,法律援助計劃使窮人得以起訴並在庭上為自己辯護。該計劃並非毫無瑕疵:它為太多不值得稱道的權利主張提供公共資助,而這會給自費的被告人造成極為不利的影響。它引起的花費也成為了禍根。從 1988 年到 1996 年 7 月,用於民事(刑事也一樣)法律援助的開支迅速增長,速率甚至超過了通貨膨脹。因此,不無諷刺的是,新工黨政府(the New Labour government)要求限制接受法律援助的機會,並努力

用有條件的費用協議和某些保險形式作為替代。雖然在伍爾夫（Woolf）勳爵的帶領下，一批人奮力降低民事訴訟的開支，雖然事務律師和出庭律師推行為人稱道的公益（免費）計劃，但人們不得不考慮，現在的巨大需求仍舊難以滿足。

如果拒絕為無力承擔費用的訴訟當事人提供法律保護是「法治」的一大敵人，那麼延遲提供補救措施則是「法治」的另一大敵人。格萊斯頓[6]（Gladstone）曾有名言曰：「遲來的正義就不是正義。」而約翰王在《大憲章》裏的誓辭也很有名，他許諾自己既不會拒絕伸張正義，亦不會拖延正義的施行。但4個世紀之後，哈姆雷特（Hamlet）把「法律的延誤」（the law's delay）列為考慮自殺的理由之一，[7]這一句「生存還是死亡」（To be, or not to be）的獨白則更為出名。此外，同狄更斯（Charles Dickens）在《荒涼山莊》（*Bleak House*）中描述得一模一樣，在19世紀早期的衡平法院，如果訴訟當事人邁出了當時哈姆雷特尚未邁出的那一步（即自殺），是可以得到寬恕的。毫無疑問，法官應該審慎衡量其判決，但如果為此一直思考上很多年，那就大大超過了容忍這種思考的時限；19世紀初的艾爾登（Eldon）勳爵便有這樣的經歷。[8]毫無疑問，有的案子經過數年才到他手上。

在當今英國已經找不到和19世紀衡平法院性質的機構

了。但是，儘管人們為加速訴訟程序做出了不懈努力——最近的一次也是由伍爾夫勳爵領導的，但延誤始終是個大問題。案件從英國移交至斯特拉斯堡（遭人抱怨）的延遲時間（某宗案子近 9 年）讓我們無法自鳴得意。[9] 即使提出其他國家有延遲更長的案件，也無濟於事。

延誤不僅本身令人不快，更會加劇開支問題。經驗表明，一宗案子持續時間越長，所需花費越大。在以意大利為首的一些國家，延誤的問題極為嚴重。位於盧森堡（Luxembourg）的歐洲法院也因延誤引發抱怨。平均而言，2007 年底，歐洲法院裁定成員國的預審裁定（preliminary rulings）請求要耗費 19.3 個月；裁定直接行動請求則需 18.2 個月；裁定上訴請求則需 17.8 個月。初審法院（the Court of First Instance）是為緩解歐洲法院的壓力而設立的，該法院按照常規程序審理一宗案件平均用時 29.5 個月。[10] 延誤時間如此冗長，並不歸咎於盧森堡法院或法官的怠惰。導致這一結果的原因有三：一、這幾所法院設立得很成功，也由此增加了工作量；二、歐盟的擴張；三、還有翻譯的拖累。近期擴張之後，歐盟現在擁有 23 種工作語言，每宗案子僅由翻譯導致的延誤平均長達 7 個月。[11] 多數人無法接受這類拖延。一位博學的評論家曾經說過：「若要一項有關企業合併的上訴擁有商業價值，做出判決

的時間則不應超過 6 個月。」[12]

　　目前，想要找到快速且花費合理的民事糾紛解決辦法依然困難，而這一情況很可能繼續下去。和民法國家（civil law country）（如法國和德國）相比，在英國這樣的普通法國家（還包括美國、加拿大、澳洲、印度等等），這種情況更為顯著。究其原因，是普通法法院採取的辯護式訴訟程序（adversarial procedure）很大程度上依賴於收費高昂的律師，他們負責為案件準備材料，呈述情況，進行辯護。照公眾想來，律師會將裁決案件所需之所有材料呈交法官，而法官是中立的公斷人，會決定先審理哪宗案件。在民法國家，律師（由訴訟當事人自費聘請）的作用就小得多，而法官（由國家出資聘請）的作用卻大得多。和普通法體系之下的法官相比，民法體系之下的法官對訴訟程序擁有更大的控制權。可即使在民法國家，想要找到高效快速且花費合理的糾紛解決辦法也很困難。但是，如果一個國家離這一目標越近，那麼（從這個方面來講）這個國家的「法治」就實現得更多。

9 公平審判

7 ## 國家提供之裁決程序（adjudicative procedure）應當公正

公平審判權是「法治」的一大基本要求。該項權利最明顯且最重要的運用範圍自然是刑事審判，但描述其內容的辭藻頗顯艱澀，旨在表明該項權利並不囿於刑事審判的範圍，同樣適用於民事審判，不論當事人是個人、公司還是公共機構。它適用於一種混合（hybrid）的裁決程序，這類裁決程序既不屬於刑事，也不屬於一般意義上的民事：在這類訴訟程序中，如果法庭做出了不利於當事的某一方或雙方的判決，當事的這一方或雙方就須承擔極為嚴重的後果。這三種訴訟形式並非一定要遵循同樣的模式。事實上，也的確未曾如此。但三者仍需遵循一些原則。

首先，我們必須認識到，**公平是對於當事雙方的公平，而**

非僅指其中一方。審判遵循的程序必須給予原告或權利請求人證明其論點的機會，同樣也應當給予被告人抗辯的機會，是為公平。如果說訴訟程序就像一枚重心不穩的骰子，偏向這一方或那一方，或者（用歐洲案件中的話來說）訴訟雙方的地位不平等，[1] 那麼這樣的審判就不公平。大家有時會忽視這一點，在刑事審判中，證據常因其「具有損害性」（prejudicial）而遭到反對，而反對的真正原因不過是證據不利於抗辯。當然，事實上，幾乎所有起訴證據都對，或意圖對抗辯不利。

其次，我們必須承認，**公平是一個不斷演化的概念，不停留在任何時刻。**這對刑事審判而言，尤為明顯。在 1821 年、1824 年、1826 年和 1834 年接連告挫之後，終於在 1836 年，一項措施得以推行，該項措施賦予被告律師（defence counsel）代被告（如果他足夠幸運的話）回答陪審團問話的權利。[2] 結果就是，起訴人（prosecutor）能夠告訴陪審團為何被告人有罪，卻沒有辯護人（advocate）為被告人辯護其為何無罪。法官霍金（Hawkins）先生在其《回憶錄》[3]（*Reminiscences*）中提及一名被告，19 世紀 40 年代，這名被告在老貝利（the Old Bailey，即英國倫敦中央刑事法院）被控盜竊，在歷時 2 分 53 秒的審判之後即被定罪，陪審團的指令亦極為簡單：「先生們，我想你們沒疑問了吧？我毫無疑

問。」直到一個多世紀之後，被告人才有權在自己的審訊中提供證據。20 世紀的前 30 年，雖然人們努力爭取為無力自行負擔費用的被告提供法律援助，但這些行動多因官方的敵視還有治安法官（magistrate）和法官的阻撓而告敗。[4] 本世紀中葉之後很久，一些主審法官向陪審團作總結陳詞時，仍然傾向於定罪。他們習慣於使用極具偏見，有時甚至是浮誇的措辭，只有其中一些提示性語句表示，事實判定是陪審團的職務，這才使得語氣略為緩和。在更近的時期，由於控方無義務公開其擁有的資料，結果產生了很多臭名昭著的不公審判。在某些國家（如美國南方的一些州以及加勒比 [Caribbean] 部分地區），低質量的辯護陳述（defence representation）是不公正的源頭之一。每個人都可以說，我們已經永遠實現了完全的公正，但這一時刻不太可能到來。反而在將來回顧時，我們會發現如今施行的大部分法律體系，都在我們尚未發現的地方存在缺陷。

其三，現代民主法治國家的憲法應確保司法決策人（judicial decision-maker）的獨立性，此處我使用「司法決策人」這一表述，用以包含所有做出帶有司法性質決定的人，不論是否是法官（陪審員或治安法官）。該項原則已廣為接受。在第 2 章我曾簡要提及，在英國，1701 年《王位繼承法案》奠定了司法獨立的根基，該項法案有效地保護了法官不會被政府

無理地免職。2005 年《憲政革新法案》對這種保護做出了進一步規定，第 3 條第（1）款稱：「大法官（Lord Chancellor）、其他各部大臣及所有負責有關司法或公正執行法律事務之人，均須維護司法機關之永久獨立性。」第 3 條（5）款則意義更為深遠：「大法官及其他各部大臣不得妄圖通過任何特殊的司法途徑來影響具體的司法判決。」大法官亦須重視維護司法獨立之必要性，且須發誓捍衛司法獨立。在過去，大法官屬於法官職位，擔任司法機關首長，同時亦是大臣，負責任命英格蘭與威爾斯的資深法官。自 2003 年開始，大法官不再算是法官職位。而從 2005 年開始，大法官亦不再領導司法機關。其任命法官之職能亦遭極大削弱。但是，自 2005 年以來，大法官還兼任司法大臣（the Secretary of State for Justice），並承擔了負責司法體系完整性的大臣重任（ministerial responsibility）。大法官和法官的接觸依然頻繁。嚴格來講，我引用的 2005 年《法案》提到的雖然只是法官，但獨立性不僅對法官很重要，對我們正在討論的這個領域中的決策人也是如此。

這些法規引文都清楚表明，法官必須獨立於各部大臣和政府。除了政府，這條原則是否還要求其他人或物也具有獨立性呢？的確要求。它要求決策人獨立於地方政府和任何利益團體（vested interests），不受公眾輿論、國會意見、媒體、政黨及

壓力團體（pressure group）、同事，尤其是上司的影響。簡而言之，在其運用自身判斷力裁決案件時，必須獨立於那些會導致忽視案件法律特徵與事實特徵（legal and factual merits）的任何人與任何事物。如果決策人的薪水高低和任職期限依賴於受其裁決影響之人是否接受其裁決，那麼這種獨立性明顯會受到威脅。如果因決策人的裁決觸怒某些權勢而導致其喪失晉升機會，這對獨立性同樣是威脅（這種情況在其他國家發生過，但近年來在英國鮮有）。

和司法獨立幾乎同等重要的應屬法律行業的獨立。不論案子有多麼不受歡迎抑或令人討厭，律師們都無所畏懼，代表無力自辯的當事人進行辯護。

同獨立性要求緊密相連的另一個要求是，**決策人必須公正**。《歐洲公約》要求裁判庭獨立且公正。這意味着，決策人應盡最大可能，用開明的心態處理問題，隨時準備好應對案件的法律特徵與事實特徵。如果一名決策人能夠完全不受對其所審案件施加的外來影響，那他很可能算得上是一名公正的決策人。但即使如此，他仍有可能受到個人愛好與偏見的影響，從而做出錯誤的判斷。當然，法官和其他決策人都是人，而非機器。因而，從一定程度上來講，他們不可避免會受到個人教養、經歷和背景的影響。在判決案件之時，其思維不可能是一

張纖塵不染的白畫布。但他們應努力警惕外界任何可能扭曲自己判斷的顧慮，不受其影響，如果他們意識到偏見或者可能導致偏見的情況，他們必須拒絕判定討論中的案件。就這一方面而言，馬菲・黑奧爵士（第 2 章進行過詳細描述）走在了時代的前面。

歷史上，本國法官和政府間的關係比當今更為親密，而且最高級的司法職位由政府指定的人擔任。如今，和世界上其他地方一樣，英國的職業法官已經不再帶有政治性，他們的委任也是基於獨立選舉委員會（independent selection boards）的推薦做出的。這些委員會聽取多方意見，但無政治代表。這不會阻礙兩者在行政層面上的親密友好合作，而對法庭的正常運作至關重要。另一方面，同時確保了法官的決定是獨立做出的。

關於這一點，有三個相關故事頗有警戒意味。第一個故事有關 1928 年在不列顛提出的法律議案，如果該項議案得以實施，那麼當一名大臣覺得出現嚴重法律問題之時，即可將該問題上呈高等法院，高等法院對當事人進行適當的聆訊之後，將就該問題做出裁決。[5] 長久以來，這項議案一直都是上議院司法成員的攻擊對象。一名法官（梅里韋爾 [Merrivale] 勳爵）曾表達過批評意見，大意是「以顧問身份關心行政舉措，或者向行政機關提出建議，這根本就不關法官的事。自《王位繼承法

案》施行以來，這一直都不關他們的事。」[6] 這項法案的缺點不難看出。如果法官可以在大致肯定假定事實的基礎上向政府提供意見，認為某一行為應屬合法，那法官自己本身就未能獨立公正地裁決該問題。依照正當程序，訴訟當事人應當基於真實事實，質疑這一行為的合法性。不過，1928 年議案至少涉及高等法院的意見，高等法院不僅公開發表意見，而且記錄在案。任何法官與政府之間有關潛在行動合法性的秘密討論會更加令人反感。這種情況下，法官一樣無權參與審理，但如若法官不表明其利益所在並主動退出審訊，訴訟當事人則會缺乏必要材料來質疑法官的獨立性與公正性。儘管這一點顯而易見，但近期經驗表明，並非所有大臣都明白。

在過去，要求法官政治中立是一項普遍遵守的原則，但現在已然不是。在美國尤為如此，只要國會同意，美國聯邦（包括最高法院）法官（judges）和高等法院法官（justices）皆由總統提名產生。所以，總統通常能夠任命與自己政見相同的法官。布蘭戴斯（Brandeis）法官就是伍德羅・威爾遜（Woodrow Wilson）總統法律項目的主要策劃人。二戰期間，法蘭克福特（Frankfurter）法官幾乎每天都要和羅斯福總統（President Roosevelt）商討戰略和政策，並幫助起草了部分總統演講。福塔斯（Fortas）法官曾就多項議題向林登・詹森（Lyndon

Johnson）總統建言，包括越戰（the Vietnam War）、鋼鐵價格上升，還有規避交通罷工的策略。[7] 德高望重的歐文・狄克森（Owen Dixon）爵士在擔任澳洲首席大法官時（1952-1964），曾就憲法問題向幾位總督提出建議，還就外交政策向澳洲聯邦政府獻計獻策。2003 年，一份澳洲報紙評論其行為「在如今看來極為不宜」。[8] 眾所周知，在美國，最高法院的法官任命一直飽受政治爭議。在 2000 年的總統大選中，最高法院關於布殊起訴戈爾一案的判決確保了喬治・布殊（George W. Bush）的勝出。眾人一直認為這項判決展示了司法與行政「赤裸裸的政治勾結」（simple political partisanship）。[9] 在英國，大家堅信，法治要求法官在政治上絕對中立。

第二個故事（牛津大學政府行政管理教授 [Professor of Government] 弗農・博格達諾 [Vernon Bogdanor] 先生曾提醒我注意此事件）是布朗起訴教育委員會一案（*Brown v Board of Education*）。[10] 在美國最高法院最令我欽佩的公民權利判決中，該案大概稱得上是一座分水嶺。高等法院最終判定，公立（即非私立）學校的種族隔離（racial segregation）不合憲法。該案發生在 1954 年，時值艾森豪威爾（Eisenhower）擔任總統。據其傳記作家說，在該案審理過程中——

他（艾森豪威爾）曾邀請沃倫（Warren，首席大法官 [Chief Justice]）、布勞內爾（Brownell，美國司法部長 [the Attorney General of the United States]）、約翰·W·戴維斯（John W. Davis，當時是種族隔離主義者的律師）以及一大幫其他律師到白宮享用男士晚餐。艾森豪威爾讓戴維斯和沃倫坐在一起，而這兩人輪流坐在其右手邊。據沃倫說，晚餐中，艾森豪威爾「不遺餘力跟我說戴維斯這人十分不錯」。客人依次離開餐廳之時，艾森豪威爾抓住沃倫手臂說起了南方人，「他們並不壞。他們不過是不想看到自己甜美可愛的小女孩在學校裏必須坐在某些塊頭太大的黑佬（Negroes）旁邊」。[11]

不論是否收到邀請，布朗的律師都缺席了。令人高興的是，沃倫對於總統施加的壓力無動於衷，做出了有利於布朗的判決。不過，甚至在 50 年以後，大家肯定還是會為艾森豪威爾的行為深感吃驚。他並未抵制判決執行。相反，他堅定地執行了判決。儘管在沃倫看來，他們兩人的友好關係也因此告終。很久以後，艾森豪威爾提起對沃倫在法庭上的多次刑事判決不滿，說他最大的錯誤就是「任命了操他媽的沃倫伯爵的呆頭兒子」。[12] 這麼多年以來，我覺得英國行政部門對司法決定

施加影響的嘗試，沒有一回比得上這一事件。

　　第三個故事發生的時間更近。儘管這次事件牽涉的個人——哈迪（Hardie）勳爵，一名蘇格蘭法官——行為並無不光彩之處，也不應受到任何針對他個人的批評，但還是揭示了政治與司法這兩個角色相結合的隱患。[13] 在 2000 年成為法官之前，哈迪勳爵擔任蘇格蘭總檢察長（the Lord Advocate）。在蘇格蘭法律體系中，這是一個古老而備受尊敬的職位，在很多方面與英格蘭、威爾斯及北愛爾蘭的總檢察長類似。擔任總檢察長期間，他曾負責處理上議院批准《蘇格蘭議案》（the Scotland Bill，該法案後來成為 1998 年《蘇格蘭法案》[the Scotland Act 1998]，要求蘇格蘭政府下放權力）一事。後來，有人提出一份修正案，規定不應向君主發佈禁制令或履行特定行為的命令。這樣一來，法院就無法命令政府行事。哈迪勳爵堅決反對這份修正案，稱蘇格蘭法在這一點上已經十分清楚，修正案實無必要。修正案最終撤銷。數年之後，在蘇格蘭，訴訟一方主張向君主發佈禁制令或履行特定行為的命令。法官判定其敗訴。該當事人繼續上訴。2002 年，哈迪勳爵亦以法官身份參與了上訴案的聆訊，最終上訴被駁回。在當時，當事雙方並不知曉此前上議院的爭論，哈迪勳爵亦未曾提及。但是，上訴人得知那場爭論之後就開始質疑上訴法院的判決，認為哈

迪勳爵早先所涉事件帶有偏見性質，因此法院的判決應當作廢。2005 年，上訴法院接受了這個觀點，撤銷了判決，上議院同樣接受了這個觀點。如果哈迪勳爵早想到公開其先前牽涉的事件，就不會產生這種問題了。

刑事審判

每個人都有權接受公平的刑事審判，一直以來，這都被視為「每一名英國國民與生俱來的權利」。[14] 據說，「面臨刑事控罪的人理應受到公平的審判，若他因該控罪而未受到公平審判，則他根本不應接受審訊，這項權利不言自明」。[15] 公平審判權又一次被描述成**「基本且絕對」**（fundamental and absolute）的權利。[16] 過去幾個世紀以來，保護審判公平的原則框架一直在發展。眾人早已注意到其中的兩條規定，即審判人員（不論是法官，還是法官及陪審團）必須獨立、公正。第 3 條規定明確，審判應公開進行，並最終作出公開判決，如果不能做到完全公開，至少應公開其中大部分。第 4 條規定通行於不列顛和歐洲大陸（儘管眾人通常以為後者並非如此），即被告人未經證明有罪即當視為清白。除這些基本權利之外，《歐洲公約》又附加了一系列最低限度的具體權利。在《公約》

出現之前，從任何方面來說，這些權利在聯合王國也並不陌生，只不過《公約》出現之後，這些權利得到了更為詳盡的闡釋。[17] 必須用清楚且被告人能夠理解的語言告知其面臨何種控罪。必須給予被告人足夠的時間及所需的條件準備辯護。應准許被告自辯或自行選擇律師代為辯護；如被告無力承擔法律代理（legal representation）費用，為確保公正，應免費為其提供律師。被告方有權盤問原告方證人，既然原告方有權呈堂不利於被告方的證據，被告方同樣有權要求己方證人出庭以及己方證據呈堂。如被告方不能理解案件的審理語言，則必須為其提供一名口譯。如有利於被告方的材料能削弱原告方陳述案情的說服力，或能增強其自身陳述的說服力，則被告方有權公開這些材料。我認為，這些權利明確為基本權利，會讓多數人大吃一驚，因為早就習以為常了。但有些領域仍存在問題。

如果在被告方沒有出席的情況下就已經受審、定罪、判刑了呢？英國通常規定（除非因在法庭上行為不檢，遭驅逐出庭），被告方應當出席審判。但是，如果法官認為被告方是出於自由意志離開法庭的，而在其缺席的情況下審理依然可以公正進行，那麼，法官可以行使有限的酌情權，允許審判在被告方缺席的情況下開始或繼續。不過，在被告方缺席的情況下，審理很少能公正進行，除非其聘用一名全權律師代表自己辯

護。[18] 部分國家遵循的慣例頗有不同。馬塞‧柏林斯（Marcel Berlins）是英國廣播公司（the BBC）和《衛報》備受尊崇（的確名副其實）的法律評論員，他曾描述過自己在一個歐洲國家（沒有指出其名字）的經歷，剛剛到達這個國家的時候，馬塞就被捕了，隨即得知，自己在數年前就在一場審訊上受審、定罪，還被處以 1 年監禁，而他根本不知道自己曾面臨過此項控罪，也不知道當時自己是在接受審判。[19] 這種情況不一定違背了「法治」精神，但它必須滿足一個極為重要的前提條件：如果一個人在此種形勢下受審、定罪並判刑，那麼在被捕時，他有權要求宣佈先前的審判作廢並進行重審，或者，他有權上訴，要求全面重審。柏林斯寫道：「經過幾天的拘禁，我得以上訴，一切事情多多少少總算有了條理。」如果他第一次到達該國的時候，就被捕、起訴，那情況會更糟。但是，在一場自己都不知道的審判中，被判以名義上的監禁，這種可能性和英國人的本能是相悖的。

在實際操作中經常會出現另外一個更麻煩的問題：原告方握有有利於被告方的證據，因此原告方理應將其向被告公開，但原告方認為如此一來，公共利益會受到嚴重損害，因此不願公開。譬如，這可能會公開某位告密者的姓名，而告密者的身份一旦暴露，其人身安全就有危險；或者，可能要公開警察秘

密行動的細節或國防機密。再打個比方，在兒童虐待案中，公開證據可能需要社會服務處公佈一個兒童的敏感訊息以及訊息來源。困難顯而易見：如果不向被告方公佈材料，則其接受公平審判的權利會受損；如果向其公佈材料，則公共利益會陷入危險。面對申請之時，法官必須決定是否下令公佈材料。但這本身就有問題，因為被告方不知道控方想要保留的證據，所以他很難做出有理的反駁。在極端的情況下，他可能根本不知道法官收到了申請。這種情況其實違背了一大中心原則：審判應在被告方及其代表在場時進行，法官所知一切情況皆為訴訟當事雙方所知。任何類似違背原則的情況都值得我們關注。如果法官確信，討論中的材料的確有助於被告方，但公開材料確實會很大程度上損害公共利益，公開部分材料或省略損害公共利益的訊息，只公開簡要材料又無法解決問題，那他就必須做出艱難的決定：如果被告方無法獲得該材料，審判是否仍能公正進行。如果他的答案是肯定的，他就會允許原告方繼續保留材料，隨着審判繼續進行觀察其公正性。如果他的答案是否定的，他就會命令原告方公佈材料，此時原告方必須公佈材料，否則就得撤銷指控。這個程序的確令人討厭，但在《歐洲公約》的規定之下，這和被告方享有公平審判的權利是相符的。[20]

近期的一宗案子讓大家注意到另一種和本國數世紀以來

的習俗相悖的情況，而這更加令人擔心。新年前夜通宵聚會結束時，兩名男子遭槍殺，這便是事件的起因。表面證供不利於被告，槍殺案發生之後，他用假護照去了美國，遣送回國後，他拒絕回答任何問題。但當他因兩項謀殺控罪在老貝利受審之時，法庭卻採取了一種奇怪的程序。七名證人皆聲稱，如果公眾知道是他們提供了不利於被告的證據，他們擔心自身的生命安全會受到威脅。這七人之中，有一人是本案唯一指認被告人即為持槍者的證人。要將被告定罪，他們的證據至關重要。被告承認他參加了聚會，但在槍殺之前就已經離開。因此該案依賴於身份辨認的證據。主審法官同意，證人的憂慮的確存在，因此接受了證人的要求。為確保證人安全，並為勸服而非命令證人提供證據，法官下達了一系列命令。每個證人採用假名提供證據。證人的住址、個人訊息以及任何可能用以識別其身份的細節訊息均未告知被告及其法律顧問。被告律師不准詢問證人任何可能導致其身份曝光的問題。證人在隔板背後進行指證，因此只有法官和陪審團可以見到其相貌，而被告則不能。法官和陪審團可以聽到證人的真聲，但被告及其律師聽到的則是經過技術處理的聲音，以免其辨認出證人。被告律師本人可能見過證人，但他不准向被告描述證人特徵。此外，他應循規蹈矩，不應接收任何不能與證人共享的訊息。該案中，指認被

告的證據需要準確、真實，這是至關重要的決定因素。該程序的作用在於，不給被告任何質疑證據的機會。他根本不知道控告他的人是誰。不知道這一點，他幾乎無從為自己辯護，連明顯的問題（「你認識被告多久了？你了解被告嗎？你在哪兒遇見被告？」）都沒法問。

普通法確定的古老規定（這項規定在《歐洲公約》亦有所反映）是，在刑事審判中，被告方應當與原告方證人對質，且有權盤問原告方證人。正如本書第 2 章提到的，《美國憲法》通過第 6 修正案確保了這一規定。在前述老貝利一案的審判期間，國會尚未立法修正此規定，而是在該案之後才修正的。但此案的法官並未踏上新路：他遵循着大約自 1990 年以來，經由一系列司法判決逐漸發展而成的慣例。所以，他遵循的是已成常規的方法。可是，通過分析，這些判決沒有一項可以支持該案採用的程序。因此，該案背後不可避免的問題十分簡單：該案採用的程序是否剝奪了被告接受公平審判的權利？主審法官認為並非如此，上訴法院亦表贊同。但上議院一致認為，不論根據普通法還是《歐洲公約》，被告人的權利都受到了侵害。因為沒有合法當局採用過此種程序，而且該程序嚴重損害了被告人的公平審判權，這一程序顯然不符「法治」。所以被告最終上訴成功。他可能會接受重審，但除非可以舉出指

認他為兇手的證據，否則原告方不可能勝訴。

民事訴訟

在英國歷史上，民事訴訟的控辯雙方很大程度上都可以在開庭前做足準備，人們口頭上把這一程序稱為「措手不及的審判」（trial by ambush）。但規則已經改變。如今，一場公平的民事訴訟審判要求，在開庭之前，控辯雙方就得公開各自的辯護理由和幾乎所有相關材料。法律的方針是，訴訟雙方應當坦誠相見，「將牌面亮在桌子上」。為達成這一點，首先，原告一開始就應以書面形式詳細陳述發起控訴的原因。接着，被告必須以書面形式陳述反對控告的原因。被告不能單純否認控罪，讓原告和法官自己去猜他的答辯理由。出庭時，他提出的辯護理由也不能和先前在書面材料裏提到的不同。所以，在出庭論戰之前，作戰隊形就應該詳加劃分。

其次，控辯雙方應向對方公開在訴訟中援引的所有文件：不利於己方辯護的所有文件、不利於任何一方答辯的文件，以及支持任何一方答辯的文件。[22] 這項程序極其重要，多虧了它，當事任何一方都不可以只提供有利於己方而保留不利於己方的文件。產生分歧時，比起數年後訴訟當事人的話，當時留

下的信件、日記、備忘錄和正式記錄通常是尋找真相更為準確的引導。律師們常常希望，可以在對方文件中找到一兩份能推翻其論點的文件，不過這往往是徒勞的。但是，以這種方式公開的文件常常會揭示私密訊息，而訴訟當事人往往會覺得這種程序侵犯了自己的隱私，非常吃驚。但即使材料極度私密，也不可以保留。

再次，同過去的慣例頗有不同，如今，控辯雙方均需提前交換己方打算傳喚之證人的證詞。神秘證人在最後一刻被傳喚，出庭揭露一切，這種情形已經一去不返。對電視劇而言，這固然是一大損失；但對正義而言，這是一大收穫。當事雙方不能靠埋伏來襲擊其對手。

材料公開的總原則亦包含一些特例，其中有兩條值得一提。第一條有時被稱作「法律專業特權」（legal professional privilege），這是個令人不快的誤稱，因為只看名字，人們會錯誤地以為這一特權屬於專業法律人士，而事實上，這項特權屬於當事人。免去當事人公開材料的義務，是為了確保其接受的法律建議高質、機密。關於這一目的，曾有人說過：

> 事實上和潛在的訴訟當事人，都不應有所拘束，而
> 應解除自己的心理負擔，對其律師毫無保留；律師則應

基於充分的事實基礎，盡力提供誠實、坦率的建議，而無需擔心另一方會在庭審時援引他們的對話，這是必需的。保護當事人和律師之間的私密對話是「專業法律特權」的核心……[23]

因為這項豁免權（exemption）屬於當事人，因此他可以選擇放棄該權利。但這項權利不屬於律師，因此他無權放棄。

訴訟中，如果當事一方擁有和訴訟問題相關的材料，根據慣例理應公開，但該方聲稱公開材料會給公眾利益造成極大損害，這是產生豁免的第二個理由。[24] 這個理由和刑事審判中提到的理由頗為類似，如今兩種情形下的這一理由都稱為「公眾利益豁免權」（public interest immunity，簡稱 PII）。如果保有材料的一方認為，公開材料給公眾利益造成的損失超出了保留材料給正義造成的損害，那麼該方可以申請保留材料。通常在閱讀材料之後（當然另一方肯定沒有看到材料），法官必須做出決定。他必須權衡利弊，找出公眾利益的平衡點。批准申請，不下令公開材料，可能會使整場訴訟失敗。但是，法官也可能認為，保留材料給正義造成的損失大於材料保密的公眾利益，他就會下令公開材料。如果審判在沒有公開材料的情況下繼續進行，那麼法官就知道了訴訟某一方不知道的訊息，這是

另一個不好的情形。

　　一樁最終於 1977 年宣判的真實案例說明了這一問題。[25] 全國防止虐待兒童協會（the National Society for the Prevention of Cruelty to Children）收到舉報，稱一名母親嚴重虐童，就派遣了一名檢察官到她家調查。檢察官和這名母親進行了面談，並檢查了該兒童的身心狀況，但沒有發現任何異常，協會就沒有跟進此事。但這宗投訴嚴重驚擾了孩子的父母，這也是可以理解的。於是，他們發起民事訴訟，控告協會失職，要求賠償損失。不過，他們真正的目的是查出舉報人的身份。全國防止虐待兒童協會拒絕透露該訊息，聲稱該訊息屬於公眾利益豁免權特例：協會認為，如果公共成員（可能是家庭成員、鄰居、老師或朋友）給予協會的訊息不能完全保密，甚至其身份可能曝光，那協會開展保護兒童的工作會受到極大阻礙。即使這是一宗惡意舉報，仍然不能動搖這項原則。該案中，聆訊的審判人員都沒閱讀過包含舉報人姓名的文件，我（作為協會的律師）也不知道舉報人的姓名。結案時，上議院支持全國防止虐待兒童協會。因此舉報人的姓名無需公開。最終，這對父母敗訴了。

混合程序（hybrid procedure）

在有些程序中，因為被告並未面臨刑事犯罪的控告，而且在法庭下達了不利於他的命令時，他還不會受懲罰（雖然可能看似是對他的懲罰），所以這些程序不是通常意義上的刑事程序。但是，這類訴訟程序也不會尋求通常的民事補救方法（損害賠償金、禁制令或判決 [declaration]）。反而，審判的問題可能是，某人是否對公眾構成威脅，以致應對其加以一定程度的限制。通常，產生這種問題的情境很可能導致棘手的事實上的問題而非法理上的問題。譬如，一名被強行拘禁的精神病人覺得自己已經病癒，想要離開精神病院，或一名有資格而未獲假釋的囚犯想要證明自己在釋放之後不會有再次犯罪的可能。以上概述的各項原則適用於此類聆訊，並可根據具體情況稍作改變，以確保聆訊公平。

如果當局基於假釋委員會（parole board）成員知曉囚犯及其代表律師並不知曉的原因而反對批准假釋，那假釋委員會的聆訊 —— 目的是判定釋放囚犯是否安全 —— 甚至也可能產生上述問題。最近的哈里・羅拔（Harry Roberts）案[26]可以說明這一點。

1966 年 12 月，哈里・羅拔被控以 3 項謀殺罪，他承認

其中兩項控罪，法庭亦判定第 3 項罪名成立。該案的受害者是數名警官，於該年 8 月在倫敦的牧羊叢（Shepherd's Bush）死於謀殺。這項罪行激起民憤極大，很多人認為羅拔永不可釋。但主審法官建議，羅拔的服刑期限為 30 年以上即可，這個刑期在當時已經很長了，依照合法程序，內政大臣最終修正羅拔的刑期為 30 年。1996 年，羅拔刑滿，他此時已年屆 60。2000 年，根據假釋委員會的建議，羅拔被轉移至一所開放式監獄（open prison），這一般是釋放的序曲（和準備）。他的假釋申請開始接受審查。2001 年，一份卷宗向羅拔公開，這份卷宗裏的報告都贊同將其釋放。隨後，羅拔突然從開放式監獄回到了封閉式監獄（secure prison）。至於導致其轉移的不利陳詞，羅拔得到了一個大概的說明，但這些陳詞並非刑事指控，亦非基於囚犯不遵守紀律守則的指控。這些陳詞沒有經辯護式聆訊（adversarial hearing）的調查，羅拔更是全程否認這些陳詞的內容。在繼續為假釋委員會做準備時，（反對釋放羅拔的）內政大臣向委員會和羅拔公開了更多材料。這些材料稱，羅拔在開放式監獄裏曾犯下違反信任（trust）的行為。還告知羅拔，更多的材料將上交至委員會供參考，但不會向羅拔公佈。採取這一辦事程序的原因和國家安全無關：相反，如果材料公開，材料來源的安全就岌岌可危了。委員會決

定接受這些材料，但同時委任了一名特別出庭代訟人（special advocate）代表羅拔辯護。作為律師，出庭代訟人的職責十分特殊：雖然羅拔不知道機密材料的內容，但他還是可以向出庭代訟人發出指示；然後，出庭代訟人可以查看機密材料，但前提條件是他不能向羅拔透露任何相關訊息；接着，在沒有羅拔指示的情況下，他將代表羅拔辯護，而在涉及機密材料時，羅拔及其律師需要退庭迴避。羅拔挑戰了這一程序。他稱假釋委員會無權採取此程序，如非要採取，聆訊將有失公正。

　　該案呈遞至上議院裁決，後者在第一點上就觀點不一。大部分議員認為，委員會的確有權採取此程序。小部分議員不同意。但第二點更加切合我現在論說的意圖：如果聆訊按計劃進行，能否保證公正？上議院花了很長時間考慮這個問題，還援引了先前的判決。德夫林（Devlin）勳爵認為：「法官不應閱讀任何控辯雙方尚未查看的材料，這是公正的基本原則」。[27] 穆斯提（Mustill）勳爵曾說起：「公正的首要原則即對於審判庭醞釀裁決時可能參考的不利材料，司法程序雙方均應有機會通過證據和論證進行答辯。」[28] 有關假釋委員會的案件和一系列在斯特拉斯堡裁決的歐洲法院案件採取了同樣的方式。[29] 在上述背景下，假釋委員會做出了不利於羅拔的判決，甚至沒有向羅拔及其法律代表公開其依據證據的概要，羅拔及其法律代表

根本沒聽説過這些證據，也沒有任何機會質疑反駁。我懷疑這種判決是否滿足《公約》要求的程序公正這一基本義務。[30] 對伍爾夫勳爵而言，該案的問題是，「在特定案件中，是否違背了最最低的公正標準。」[31] 他説：「如果在案件中，委員會不能兩者兼顧，既利用尚未向囚犯公開的訊息，同時又保護囚犯接受公平聆訊的基本權利不受侵犯。真要如此，應優先照顧囚犯的權利……」[32] 斯泰恩勳爵坦率得極富個性：「整體而言，（提議的）程序絕對缺少公正聆訊的本質特徵。關於一個基本問題，千萬不能縮手縮腳：出庭代訟人程序損害了基本正義的本質。它引發的不過是一場走走過場的假聆訊。」[33] 他認為，這一程序和「法治」相悖。[34] 卡斯韋爾（Carswell）勳爵是前北愛爾蘭首席大法官，對於告密者生命安全受到威脅的情況頗有經驗，而他認為對程序的公正性下結論為時過早，其他大多數法官也同意他的觀點。[35] 但是他也承認，在有的案件裏，提議的程序不夠公正，因而並不合理。[36]

　　這項決定做出之後，假釋委員會又進行了一場聆訊。這次，機密材料仍未向羅拔公開，而特別出庭代訟人則盡力保護他的利益。委員會的裁決對羅拔相當不利，也並不建議釋放他。但事態發展出乎意料：不明人士將所有的機密材料寄給了羅拔。這太適合拍電視劇了。又一場庭審之後，假釋委員會進

行了另一場聆訊，這次任何證據都毫無保留，因此不需要出庭代訟人。羅拔的律師首度可以有效地盤問對方證人了。就很多方面而言，委員會再度得出的結論對羅拔依然極度不利，但他們沒有接受第一次聆訊證實的最不利的指控。可以這樣認為，這次事件強調了在不向被告方個人公佈重要訊息時，依賴出庭代訟人伸張正義存在的危險。

不久，這個問題再度出現，不過這次的情形不一樣了。根據 2005 年通過的一項國會法案，[37] 如果內政大臣基於適當理由懷疑某人涉嫌恐怖活動，出於保護公眾利益不受恐怖主義威脅的考慮，認為必須發佈針對此人的控制令，則內政大臣有權如此便宜行事。依據法令，控制令不得剝奪受控人（controlee）的自由，卻可以包括近似於遭受軟禁的義務：可以要求受控人佩戴電子跟蹤標誌（electronic tag），要求其居留在一個特定的住址；要求其每天長時間待在該住址；不允許其與外界進行任何方式的通訊交流，不允許其離開某一特定區域；未經內政部許可，不允許他人同受控人見面或訪問受控人；諸如此類。這些義務累積起來達到的效果，可能使正常生活都無法維持。此類命令發佈之後，法官必須進行聆訊，以判定內政大臣下達命令的決定是否有誤。如果沒有合理的證據支持，這一命令肯定是有誤的。但根據法案及其下規定，若公開訊息會損害公眾

利益，則不應向受控人及其律師提供此訊息。因此，和羅拔先生一案一樣（但這次是在制定法明示的授權之下），法官可以審閱材料，受控人及其律師則不能。在法庭考慮申請材料時，後兩者必須迴避。法庭可以委任出庭代訟人代表受控人利益，但必須遵循上述極其嚴格的限制性前提條件。問題再次出現了：採用這種程序的聆訊對受控人是否公平？

有樁案子被稱作"MB"，[38] 這是其中受控人的姓名首字母，內政大臣承認，他得到的案情陳述「說服力較低」，但根據安全部門的機密訊息，MB 具有恐怖主義意圖。法官評論道：「安全部門的機密訊息完全基於密封（即秘密）材料的內容。因為無法獲得那些材料，MB 其實很難有效挑戰其面臨的指控。對於他，就能公開的案情陳述而言，這項指控不過是毫無根據的斷言。」他遂得出結論，MB 未享受到公平的聆訊。上訴法院不同意內政大臣的觀點，而認為委任出庭代訟人就完全能保證公正。

在另一樁案件中——AF 案[39]——法官發現，內政大臣指控 AF 的案情陳述的要素明顯都來自於機密材料，而 AF 根本不知道指控他的案情陳述到底是甚麼。AF 的律師表示，任何表明 AF 涉嫌恐怖主義活動的明確且重要的陳詞均未向其公開，亦沒有此類陳詞的概要總結。本質上講，內政大臣指控

AF 的案情陳述完全沒向後者公開；被捕後，警方在審問 AF 時也沒有對他提起任何非法行為的指控。如果有的話，AF 至少可以間接了解到指控自己的案情陳述可能是甚麼。

MB 案和 AF 案被一起移交至上議院。顯而易見，兩案中的審判人員都遵守了國會法案和接受及對待機密材料的相關規定。但問題是，法定程序是否能和《歐洲公約》關於受控人享有公平審判權的規定保持一致。我本人很難接受 MB 或 AF 享受到了公平審判這一觀點。大多數法官也認為，法定方案運行時也可能並不公正，儘管不是所有案子都會出現此類情況。因此，最有效的解決方法是，只有當大家認為方案不違背公正時，才可以實行。基於這個原因，法庭奉命重審上述案件。

一直以來，大家都承認：如果有人和 MB、AF、羅拔的情況類似，特別出庭代訟人參與此類案件能夠加強對他們的合法保護。特別出庭代訟人或許能夠證明，當局援引的證據做過手腳、不足信或無法令人滿意。大家都承認這一點。[40] 誠然，如果指控某人的案情陳述所依賴的訊息一旦公開就會招致危險，那麼在這種絕對困難的情況下，委任出庭代訟人的確是一個有助於解決問題的辦法。但是，有三點不容忽視。第一點，**特別出庭代訟人和他奉命保護其利益的當事人之間的奇怪關係**。通常，律師對其當事人應該毫無保留，他必須基於自己

知道的全部訊息，真誠坦率地為當事人提供法律意見。特別出庭代訟人則不能如此行事。因此，對於要努力保護其利益的當事人，出庭代訟人依規定不承擔任何義務。正如上議院內部所發現的，這是一種新奇的關係，法律上前所未知。[41] 有些人已經感覺，出庭代訟人也是一個令人極度不快的角色。

第二點是由首席大法官伍爾夫先生提出的：**「如果一個人不知道其面臨的指控是甚麼，那他就處於極大的劣勢，而這種聘用（特別出庭代訟人）的做法從來都不是改變這種劣勢的萬靈藥。」**[42] 他絕對沒有誇大其辭。在有些案件中，此類程序可能削弱辯護式審判與聆訊的基礎性原則，而這些原則是必須遵守的。

第三點早已提過，但無論如何強調，都不過分：**公平審判權是「基本且絕對」的權利；當使用不向某一方公開的材料這種情況和該方接受公平聆訊的權利發生衝突時，前者必須屈從後者。**並非每次「不披露」的程序都會導致不公正的聆訊。根據已披露的訊息，一項不利判決也可能是正當合理的：和當事人的行為相比，他不知曉的情況相對而言毫不重要。但是，如果「不披露」導致了不公正的聆訊，這就違背了「法治」。又經過幾次聆訊之後，AF 案（同另外兩樁案子一起）於 2009 年 2 月至 3 月重新移交至上議院審理。負責審理上訴的陪審團

由 9 名上議院高級法官組成，比普通陪審團的規模更大，他們在 6 月做出了判決。陪審團一致認為，根據程序公平的要求，同 AF 處於相同形勢之人理應獲得有關對其不利指控的充分訊息，以便其向律師下達有效指示，開展可能的辯護。[43] 如此一來，「法治」才得以伸張。[44]

10 國際法律秩序中的「法治」

8 「法治」要求國家在遵守國內法規定的義務之時，同樣遵守國際法規定的義務

　　有人將國際公法（public international law）稱為「萬邦之法」（The Law of Nations），我曾為這一說法深深吸引。它似乎反射着真蒂利和格老秀斯思想的光輝，為國際公法平添了一份莊嚴和高貴，使其超脫出日常生活種種世俗憂慮，勾畫了這樣一幅圖景：所有國家自尊且平等，一國不向另一國卑躬屈膝，卻願意降尊紆貴，通過使節來講和，而使節不會受到任何傷害。現在，由於幾乎同樣的原因以及其他因素，我認為，雖然這一說法沒有實質性的壞處，但我們還是能不用則不用為好。因為，雖然國際法自身的規定和制度組成了一系列明確可辨的法律，但這只是各國國內法的補充，絕不可能抵觸國內法；國際法並非孤立存在；它基於同樣的原則並追求同

樣的目標；跟國內法一樣，遵循「法治」對國際法而言十分重要，甚至有可能對「法治」的要求更高。目前約束英國各部大臣的《臣工儀範》（Ministerial Codes）就符合這一點。其中規定，大臣的中心任務就是「遵守包括國際法和條約義務（treaty obligations）在內的法律」。[1]

聯合國秘書長在 2004 年 8 月 23 日呈交給安理會（the Security Council）的報告中稱，「法治」概念是該組織的中心任務。他接着寫道：

> 「法治」指的是一項管理原則。在此項原則之下，只要法律是公開頒佈、平等執行、獨立裁決，並和國際人權原則與標準相一致，所有人、機構和實體，無論公私，甚至包括國家本身，皆應遵守之。「法治」還要求採取措施，以確保公眾堅持法律至上、法律面前人人平等、法律責任（accountability to the law）、公平執法、權力分離、決策參與、司法保障、避免專斷，以及程序和法律透明等原則。[2]

此番陳述指向的概念同國內領域所熟悉的並無二致。威廉・畢曉普（William Bishop）教授曾質問「『國際法治』到底為何？」但他的陳述亦未解答這個問題：

因為沒有準確定義，我相信，我們基本可以達成一致，認為「法治」概念指在國際關係中依靠法律反對專權；通過法律而非武力達成和解；並意識到，法律能夠並應該作為在國際上相互合作、促進達成社會目標的工具，以維護並推動個人自由及人格尊嚴的價值觀。[3]

他引用了一名前美國律師協會（the American Bar Association）會長的話：

國內「法治」指的是，成百上千條法律規定、法定程序、法庭以及其他機構，它們共同促成了秩序和穩定、平等、自由，和個人自由……國家間的「法治」指的是，通過法律的概念、標準、制度和程序，對國家相互交往、國際聯繫及個人關係進行的調控。[4]

這意味着，至少從很大程度上來講，國際秩序中的「法治」就是擴大了的國內「法治」。另兩個來源進一步深化了這個印象。據切斯特曼（Chesterman）教授稱，「我們可以這樣理解，『國際法治』就是將『法治』原則運用到國家關係和其他國際法對象上去。」[5] 在《千禧年宣言》（the Millennium Declaration）中，聯合國成員國決心「在國際事務中就像在國內事務中那

樣，更加尊重『法治』，尤其在涉及本國的事件中，成員國更應遵從國際法院判決，遵守《聯合國憲章》。」[6]

我覺得，將國際法治同國內情況進行類比雖不準確，卻清楚地回答了「為甚麼我們應該嚴格遵循法律」這個問題。無論我們中有多少人在生活中盼望有機會不受各種法律約束——納稅，遵守公路規則，獲得建築許可，清償債務或克制自己不攻擊鄰居，我們都很清楚，若要其他人接受這些約束，我們也就必須遵守，這是必要的代價。而且，如果一個社會中，無人須受此等約束限制，那這不會是一個合人心意的社會，甚至可能根本就維持不下去。在國際領域同樣如此。對於單個國家而言，不論擺脫約束其他所有國家的法律限制有多吸引人，其他國家不可能長時間容忍這種情況發生。同時，這個國家會失去國際合約的利益和保護。在一片大叢林中，叢林法則（the rule of the jungle）不再適用。

常常有人提出，世上並不存在國際立法機關。當然，嚴格說來，的確如此。所以，國際法缺乏民主立法機關的背書支持（endorsement）所能提供的合法性。對我而言，這個觀點並沒有甚麼說服力。在國際法中，一項義務對一個國家產生約束力的方式，看起來就跟已經決議通過——可能很匆忙而沒有經過全面考慮，可能是一場國家立法機關內差距極小的

投票 —— 的措施一樣值得尊重。對國家通過簽署認可而做出正式嚴肅保證的條約也是如此。對「國際慣例，且經證明是法律認可的廣泛慣例」亦複如此，因為其門檻標準一般不容易達到 —— 如同一項法定義務，受到非常廣泛的遵循。對「文明國家公認之法律總原則」還是如此，[7] 因為這些原則具有極強的規範性權威（prescriptive authority）。國家立法機關也無法廢止條約，拒絕遵守習慣國際法，或者和文明國家公認之總原則脫離關係，這至少也可以作為默認的證據。

最近，皇家大律師（Queen's Counsel，簡稱 QC）沃恩・羅維（Vaughan Lowe）教授出版了一本啟人深思的書 ——《國際法》（International Law）。在書中，他提出了這樣一個問題：「大家為甚麼要遵守國際法？」[8] 讀到此處，我稍作停頓，留意了一下他這個問題的前提：大體而言，大家，當然也包括國家，確實遵守國際法。這是一個十分重要的前提，因為大家 —— 特別是法律工作者（lawyers）—— 容易被違法行為所迷惑，以致忽視大量順利、常規、合法操作的事務。在國內，人們買賣商品，轉讓土地，捐贈遺產，在大街上行走時不會受到騷擾，這是因為法律很明確，任何違背法律的行為都是例外，而非規則。在國際領域一樣，雖然人們有時會認為，違背國際法好過遵守國際法，但事實並非如此。事實上，羅維教授

評價道，這個「觀點在那些對這個問題一無所知、毫無經驗的人當中特別流行，但這是大錯特錯」。[9] 在回答自己這個問題時，羅維教授援引了沒有外在的立法機關將國際法施加給各國這樣一個事實，[10] 並暗示各國的確遵守並一直遵守國際法的一大原因就是，他們讓國際法的規則來適應本國的需求。[11] 國際法可以看成是一個俱樂部的規則，而這個俱樂部是會員而非老闆所有的。他還指出了其他原因，包括形式過分謹慎的傾向、習慣、許多國家領導人持有相近的觀點、為各國執政者提供諮詢的高等律師們相近的觀點。[12]

關於各國遵守國際法這一事實，最有說服力的原因是各國必須這樣做。1997 年，道格拉斯・赫德（Douglas Hurd）在其書中一節作了很好的說明，而羅維教授則將這段話引用在了自己這本書的開頭：

> 民族國家（nation state）缺乏競爭力。雖然美國是目前僅剩的超級大國，但包括它在內，沒有一個國家可以完全滿足本國公民表達的需求。本世紀，這種無能的程度愈漸加深。因為國家政府無力提供安全、繁榮或者良好的環境，大量國際法則、國際會議和國際機構應運而生。民族國家能維持長久，但缺乏競爭力，要解決它們

的難題，唯一的出路就是各國間的高效合作，藉此達成所有單一國家無力單獨達成的目標。[13]

我認為，最初的國際法規定都源自各國的私利之心——己所不欲，勿施於人的需求（我想到的包括那些要求遵守條約義務、主權國家平等及不受侵害、外交代表不受傷害的規定）。同時，各國也認識到，有些不法行為必須由多國攜手處理才能有效禁絕（譬如盜版）。但隨着時間流逝，大家注意到，在有的情況下，國家內部問題無法得到有效解決，而這種情況出現的頻率愈發值得注意。1865 年《國際電信條例》及 1874 年《國際郵政服務條例》就是兩個例子。而國際海路貨運又是一例：在裝貨港、卸貨港以及任何中間停靠港，股東、船舶承租人、託運人和收貨人必須在最大程度上享有相同的權利，履行相同的義務，國內港口法特有的權利和義務則不予考慮。因此，1968 年《布魯塞爾議定書》(the Brussels Protocol of 1968) 對 1924 年《海牙規則》(the Hague Rules of 1924) 進行了修訂。此外，關於空運的 1929 年《華沙公約》(the Warsaw Convention 1929) 於 1955 年在海牙修訂，並於 1999 年在蒙特利爾（Montreal）再度修訂。還有，《國際貨物公路運輸合同公約》(the CMR Convention on the Contract

for International Carriage of Goods by Road）於 1956 年
在日內瓦制訂。如今，毫無疑問，它對東歐的重型鉸鏈卡車
（juggernaut）同樣適用，而這種卡車常常在西歐的高速公路上
轟然駛過。

這些例子絕非無關緊要。正因為它們，曼斯菲爾德勳爵的
真知灼見（詳見第 3 章）才得以生效：如果企盼商業繁榮，投
機者和商人必須知道他們所處的位置，不僅在英國如此，國外
也是一樣。儘管這些例子十分重要，但在當前處理問題 —— 這
些問題既是全國的，鑒於它們影響了單個國家；也是國際的，
鑒於它們影響了多個國家，只能依靠各國協作共同解決 ——
的過程中，對國際合作的需求，卻幾乎沒有觸及。我這裏只能
略作選取，稍加一提。

1944 年，布雷頓森林會議（the Bretton Woods conference）
在二戰結束前夕召開。會上，世界幾大強國（the Great
Powers）想要建立戰後世界經濟穩定的基礎，這一舉措促成
了國際貨幣基金組織（the International Monetary Fund）和世
界銀行（the World Bank）的誕生，並間接產生了《關稅及貿
易總協定》（the General Agreement on Tariffs and Trade）。
大家制定了一系列認真、有效、控制嚴格的國際方案，用以
推動各國發展，紓解貧困，提高人民生活水平。在投資糾紛

國際處理中心（the International Centre for the Settlement of Investment Disputes）和多邊投資擔保機構（the Multilateral Investment Guarantee Agency）成立之後，這些方案得到進一步鞏固。地區性國際組織也有很多目標和上述部分目標相似，譬如歐洲聯盟（the European Union）和加勒比商業共同體（the Caribbean Commercial Community）。有些人想要加強對當今國際機構行為和借貸慣例的國際控制，而美國次貸（sub-prime mortgage）市場於 2007 至 2009 年崩潰，難以料想隨之而來的創傷性市場經歷不會令這些人加大控制力度。

罪犯們在一個司法管轄區域內犯罪之後，總是傾向於逃到另一個司法管轄區域去，希望借此逃避逮捕，這已不再稀奇。達成引渡此類罪犯的雙邊條約（通常在互惠的基礎之上，並包含一些不幸的特例）也不新異。但因為許多理由，逮捕、審判刑事重犯的需求大大增強：這些理由包括，依靠現代商業手段和通訊方式，在一國犯罪卻影響到另一國，變得愈加容易；當今，人們對最惡劣的罪行極為憎惡，比如種族滅絕、酷刑和戰爭罪；此外，還因為一班我們極其鄙視並將他們稱為恐怖分子的特殊罪犯進行着國際活動，他們的暴力行為不受國界限制。要解決這些跨境問題必須採取跨境的辦法，而這只有一系列連貫一致、操作性強的國際法才能夠做到。比方說，歐盟成員

國創立了精簡高效的方式（歐洲逮捕令 [the European arrest warrant]）通過一個據稱能使判決在各地通用的體系來確保罪犯投降。比起此前的準則來說，這種方式對各方而言遠沒有那麼正式，也遠沒有那麼大的延誤餘地 —— 這毫不奇怪。[14] 諸如種族滅絕、酷刑及戰爭罪等最嚴重的罪行，無論其犯罪地點，各國已達成合約，會擴大國內法庭的司法管轄權對它們進行審判 —— 這也毫不奇怪。聯合國成立國際刑事法庭，審判不會在其他地方受審的嚴重犯罪，還成立臨時法庭，審判發生在前南斯拉夫及盧旺達的嚴重犯罪 —— 這還是毫不奇怪。聯合國緊急召喚成員國採取措施，對抗恐怖主義這一共同的災難 —— 這依然毫不奇怪。

如果國際合作是反對跨境犯罪活動的關鍵所在，那麼環境的有效保護也同樣至關重要。不論是稀有資源（比如魚類）的保護，還是某國活動污染到他國的問題，抑或是最明顯的大氣中的碳排放問題，國際合作都至關重要。在諸如此類的領域，從某種意義上講，各國的利益本就是對立的。所有國家都想保留龐大的捕魚船隊，肆意捕撈。所有國家都想鼓勵有利可圖的產業活動，而不受環保制約。所有國家都想維持，最好還能鞏固繁榮，並提高人民生活水平。不過，當然所有國家都知道，如果魚羣削減至某一數量之下，大家都是輸家；隨心所欲污染

他國，自己也可能反遭污染；每個國家知道（或者應當知道），如不採取嚴厲的必要措施來控制氣候變化，那麼其他國家也就不會這麼做。如不採取有效措施，在國際範圍內共同對抗氣候變化，凱恩斯（Keynes）的格言——長遠來看，我們都會死——就會被賦予新的含義，我認為沒人會懷疑這點。

即使是這般倉促不全的描述也不能忽略國際上對人權的保護。我認為，這種國際保護意義重大，至少有五大原因。首先，作為其基礎的價值觀，如果不是全球共戴的，至少也是為世界上大多數人接受的。大概沒有其他法律領域會如此直接地建立在道德基礎——所有人僅僅因為其自身的存在，就應當有權享受某些權利和自由，它們是最基本的，有時甚至是絕對的——之上。

其次，此類國際保護相對較新，基本上是二戰後受 1948年《世界人權宣言》啟發而產生的現象，其後還有 1966 年《公民權利和政治權利及經濟、社會和文化權利公約》（the International Covenants on Civil and Political Rights and Economic, Social and Cultural Rights of 1966）以及一系列後來的公約，譬如（1966 年）《消除一切形式種族歧視公約》（the Convention on the Elimination of All Forms of Racial Discrimination [1966]）、（1979 年）《消除對婦女一切形式

歧視公約》(the Convention on the Elimination of All Forms of Discrimination against Women [1979]) 以 及（1989 年）《兒童權利公約》(the Convention on the Rights of the Child [1989])，這些公約和諸如《歐美公約》(the European and American Conventions) 與《非洲和阿拉伯憲章》(the African and Arab Charters) 之類的地區性協議頗為不同。此類 1945 年前提供的保護在國家基礎上得到了大幅擴充。

第三，對人權實行國際保護和「法治」之間的緊密關係越加獲得承認。直到 1966 年，安理會才在決議的執行部分明確提及「法治」；[15] 但此後這種情況就頗為常見了。相比之下，歐洲人權法院在 1975 年才提及「法治」，[16] 其後則一直如此。2007 年，歐洲人權法院有 28 份判決提到了「法治」，光是 2008 年 1 月和 2 月就有不下 10 份。[17] 人權法院在 2007 年 11 月 22 日的一份判詞中稱，「『法治』是民主社會的基本原則之一，理所當然存在於公約所有條款之中。」[18] 在緩慢的開始之後，歐洲法院於 1969 年在一份附帶意見（obiter dictum）中提到「為共同體法律之總原則所尊奉並受到法庭保護的基本人權」。[19] 不久，《歐洲公約》成為鑒定基本權利的原始資料，起着特殊而重要的作用。[20] 歐洲法院的一名法官（安東尼奧‧蒂紮諾 [Antonio Tizzano]）曾提到，「共同體的顯著特徵，它首

先是一個以基本權利、立憲主義、民主和『法治』為核心原則及價值觀的團體。」[21]

第四,隨着國內法庭深入參與決定與國際法相關的各類問題,就全球範圍而言,對人權實行國際保護,於「法治」極其重要。最後,對人權實行國際保護之所以重要,還因為在這一領域,個人索賠者地位顯著,證明國際法的範圍只限於調節國際關係這一過時觀念是站不住腳的。

有一種觀點認為,國內法和國際法之間有一條不可逾越的鴻溝,但隨着習慣國際法逐漸為國內法吸收利用,這種觀點遭到了駁斥,上訴法院就特蘭德克斯貿易公司訴尼日利亞中央銀行案[22](*Trendtex Trading Corporation v Central Bank of Nigeria*)所做的判決就是一個極其典型的例子。此外,上議院在第一次代表大會[23](I Congreso del Partido)(皮諾契特將軍 [General Pinochet] 在英格蘭法庭的首次亮相)中的表現也支持這一點,而國內法庭在各處參與決定國際法相關問題的事實則更為確定地證明了這一點。2008 年 6 月,高級出庭律師(Senior Counsel,簡稱 SC)詹士・克勞福德(James Crawford)教授在堪培拉(Canberra)做了引人入勝的米高・科比國際法講座(Michael Kirby Lecture in International Law)。[24] 演講中,克勞福德教授回顧並比較了 1996 年至

2008 年間，英國國會上議院和澳洲高等法院（the High Court of Australia）在該領域的活動，這幾乎是科比法官在高等法院任職的整個時期。其調查表明，該時期內，上議院在 49 樁案件中做出了有關國際法問題的判決。基於其分析，這些案件牽涉的方面分解如下：

- 條約法和國內法的關係　　7
- 習慣國際法和國內法的關係　1
- 條約的闡釋　　5
- 國家主權豁免　　4
- 難民公約義務　　8
- 其他國際人權　　12
- 引渡　　6
- 境外審判　　3
- 其他　　3

他的最後一個項目的標題（即「其他」）包括補償武裝部隊在境外遭受的傷害，質疑專制裁定及歐洲人權法院判決與國內判例法的出入。如果歐洲共同體法律的判決也包括在內，總數會大大增加。

為了便於比較，克勞福德教授回顧了這兩所法院對四個問題的回應，兩者都曾公開提及這些問題。比較的結果對我

當前的論述並不重要，但在我看來，所述問題十分有趣，它們展現了因國內法庭判決而引起的各種國際法問題所涵蓋的範圍。有人曾討論過「特定社會羣體」（particular social group）的含義，將其作為 1951 年《難民公約》（the 1951 Refugee Convention）第 1 條第（2）款之下的控訴依據。關於這一點，我覺得國會在 R 起訴移民上訴審裁處案（*R v Immigration Appeal Tribunal, ex p. Shah*）[25] 以及更近期的福納起訴內政大臣案（*Fornah v Secretary of State for the Home Department*）[26] 中所做的判決雖然大膽，卻很正確。第一宗案子事關巴基斯坦涉嫌通姦的已婚婦女所受的待遇，第二宗案子則關於獅子山共和國（Sierra Leone）殘毀女性生殖器的問題。其中受影響的人都被視為「特定社會羣體」成員。克勞福德教授還討論到《難民公約》產生的第二個問題 —— 如果控訴的迫害行為並非由國家機關執行，那麼《公約》的適用性如何？就闡釋《公約》而言，國會再次起了決定作用。[27] 克勞福德教授提出的第三個問題是無限期行政拘留。有關這一點，英國法庭做出過關於在伊拉克（Iraq）拘禁一名伊拉克或英國公民（阿爾吉達案 [*Al-Jedda*]）的判決，[28] 這項判決不僅和《歐洲公約》第 15 條的克減（derogation）、第 5 條（「貝爾馬什案」[the *Belmarsh* case]）[29] 的兼容（compatibility）有關，還和《安理會決議

1546 號》（Security Council Resolution 1546）與《聯合國憲章》第 103 條賦予的正當性（justification）有關。教授的第四個例子考察了非合併合約（unincorporated treaties）是否能產生某種限制公務行為（official action）的合法期望，高等法院和上議院都提出過這個問題，而這兩大司法機關最初在這個問題上的分歧似乎已經變小了。[30] 當然，克勞福德教授為了比較而擇取的案件只不過是很小的樣本。最近，沙希德．法蒂瑪（Shaheed Fatima）在一本有趣的書——《在國內法庭運用國際法》[31]（Using International Law in Domestic Courts）——裏明確了相關領域的範圍。書中，作者羅列了國際法可能出現在國內法庭的主要實踐領域：航空法（aviation law）、商業和知識產權法（commercial and intellectual property law）、刑法（criminal law）、僱傭和勞資關係法（employment and industrial relations law）、環境法（environmental law）、歐盟條約（European treaties）、家庭和兒童法（family and child law）、人權法（human rights law）、移民和庇護法（immigration and asylum law）、豁免權和特權（immunities and privileges）、國際組織（international organizations）、司法管轄權（jurisdiction）、海洋法（law of the sea）、條約（treaties），最後是戰爭和武器法（warfare and weapons law）。近年來，英

國法院裁決了以上多數領域中發生的問題。無論就實質還是就程序而言，國內法和國際法的相互關係都是非常緊密的，如果有人認為「法治」只適用於其中一方而不適用於另一方，那肯定是不足取信的。

戰爭

多虧了格老秀斯（Grotius），大多數人都會合理地認為，沙希德・法蒂瑪的最後一個條目指向了國際法關注的最基本內容：如何訴諸戰爭、戰爭行為、戰爭結束後佔領方的權利及義務（或者，用法律術語來講，就是戰爭的正當性、戰爭行為約束、戰後正當性 [the ius post bellum]）。在這幾個領域，我們可以認為，謹慎遵守戰爭規則是為全人類共同利益服務的。

一如爵士米高・霍華德教授（Professor Sir Michael Howard）所言：「有序政治團體間的戰爭和武裝衝突，已成為人類歷史的普遍準則。」[32] 他引用了亨利・梅因（Henry Maine）爵士 1888 年寫的話：「戰爭似乎和人類一樣古老，而和平卻是一項現代發明。」亨利爵士此言未免為時過早。1899 年和 1907 年的海牙和平會議（the Hague Conferences of 1899 and 1907）在努力使戰爭行為變得人道的同時，也承

認使用武力不失為一項選擇。國際聯盟盟約（the Covenant of the League of Nations）反對但不禁止使用武力。直至 1928 年《非戰公約》（the Kellogg-Briand Pact of 1928）（獲得德國、美國、比利時、法國、不列顛及其海外自治領 [Dominions]、意大利、日本、波蘭、捷克斯洛伐克 [Czechoslovakia] 和愛爾蘭批准），才有政府正式放棄將戰爭作為供國家選擇的一種國家政策工具。但是，在接下來的數十年中，該公約的制訂未能阻止日本入侵滿洲里（Manchuria），意大利入侵阿比西尼亞（Abyssinia），俄羅斯入侵芬蘭（Finland），德國入侵歐洲大部分國家，以及日本入侵東南亞大片土地。戰爭行為的邪惡後果已經得到充分證實。那時，顯然世界各國還須再接再厲，剝奪戰爭的合法地位。

這一點，《聯合國憲章》做到了。《憲章》於 1945 年通過，獲得 192 個獨立國家的批准。它要求成員國必須通過和平手段解決國際爭端，並在第 2 條第（4）款中規定，各成員國「在其國際關係上不得威脅使用或使用武力，或以與聯合國宗旨不符之任何其他方法，侵害任何其他國家之領土完整與政治獨立。」安理會獲得授權，為維護國際和平安全，有責任採取及時有效的措施，且有權代表成員國採取行動。[33]《憲章》第 7 章描述了對和平的威脅和破壞，其中第 39 條規定：「安理會應

判定任何對和平之威脅、對和平之破壞或侵略行為是否存在，並應依第 41 條及第 42 條之規定，提出建議或抉擇，以維持或恢復國際和平安全。」第 41 條有關安理會不涉及武裝力量使用的措施。第 42 條有關軍事措施，規定：「安理會如認為第 41 條規定之辦法不足或已證明不足時，可採取必要之海陸空行動，以維持或恢復國際和平安全……」第 51 條承認了國家有自衛的權利：「聯合國任何成員國遭受武力攻擊時，在安理會採取必要辦法，維持國際和平安全之前，本《憲章》任何內容均不得侵犯該成員國行使單獨或聯合自衛之固有權利……」至於該項規定的闡釋，人們採取了和處理國內法個人正當防衛頗為相似的方式：該國必須正在遭受武裝攻擊，或面臨即將發生武裝攻擊的威脅；武力必須在必要情況下且無法採取會晤及其他避免攻擊的手段時才能使用；武力回應必須適度，且必須限制在防衛性攻擊或武力威脅的範圍內。至於能否破例使用武力以避免巨大的人道主義災難，這一點尚存爭議，但《憲章》的條文對其他方面早已做出明確規定：自衛之外，各成員國能且僅能在安理會授權之下使用武力。現在，安理會代表所有成員國進行集體決策，這取代了成員國單邊訴諸戰爭的舊做法。

儘管這套管理體制看起來清楚明確，但一名美國學術作家曾於 2005 年撰文寫道，在過去的 25 年，美國曾參與了約

40 起軍事行動，包括發動對伊拉克、阿富汗（Afghanistan）、南斯拉夫的戰爭，入侵格林納達（Grenada）、巴拿馬、海地（Haiti）並推翻舊政權，向安哥拉（Angola）、薩爾瓦多（El Salvador）、尼加拉瓜（Nicaragua）的反政府組織提供軍事支持，在黎巴嫩、利比亞（Libya）、也門（Yemen）、蘇丹（Sudan）發動導彈襲擊。[34] 其中，目前最受爭議的就是美國領導的 2003 年伊拉克戰爭。

如果美國政府的行動真有合法理由的話，我也不清楚那到底是甚麼理由。美國政府的顯赫人物曾明確表現出推翻薩達姆‧侯賽因（Saddam Hussein）並取代其政權的野心。[35] 而不列顛官員亦一再保證聯合王國支持伊拉克政權變更。[36] 但英國司法大臣兼皇家大律師哥爾德斯密斯（Goldsmith）勳爵始終認為，雖然解除薩達姆‧侯賽因的武裝可能實現政權變更，但政權變更本身不應成為軍事行動的合法目標。[37]

米高‧活（Michael Wood）爵士是前外交和聯邦事務部高級法律顧問（the senior Legal Adviser to the Foreign and Commonwealth Office），但他現在的發言純粹代表個人觀點。他說，英國干涉伊拉克，沒有引發任何重大的原則問題：「關於 2003 年 3 月使用武力的合法性，爭論的焦點在於安理會是否批准了這項行動。沒人懷疑安理會能授權使用武力，所以

問題就只是安理會有否授權而已。而這又讓人們轉而開始討論一系列安理會決議應該如何闡釋。」[38] 司法大臣在其完整的 2003 年 3 月 7 日致首相書面建議及另一份更為概括的陳述中採用了這種思路，後者於 2003 年 3 月 17 日出版。幾天後，戰爭就開始了。

在早先的意見裏，司法大臣曾詳細提及安理會 678 號、687 號及 1441 號三項決議間的相互關係。678 號決議於 1991 年通過：它建立在先前伊拉克入侵科威特（Kuwait）之後要求伊拉克從科威特撤軍的決議基礎之上，並授權使用武力驅逐伊拉克軍隊出境，恢復科威特地區的和平安全。正是這一決議批准了「沙漠風暴行動」（Operation Desert Storm），該行動最終將伊拉克軍隊驅逐出了科威特。（1991 年）687 號決議終止了軍事行動，並向伊拉克施加了有關持有大規模殺傷性武器（weapons of mass destruction）和對該類武器進行調查的條件。這項決議暫停卻未撤銷 678 號決議。1441 號決議於 2002 年獲得一致通過。該項決議稱，依據包括 687 號決議在內的相關決議，伊拉克的確沒有，且一直沒有履行義務，屬於重大違約（material breach）。它給了伊拉克最後一個履行裁軍義務的機會。該項決議建立了一套更加嚴格的審查機制，規定其後的違約行為將報告至安理會，由安理會「為維護國際

和平安全，考慮具體形勢並考慮全面遵循所有相關委員會決議的需要」。在早先的意見裏，司法大臣認為，從原則上來講，1441 號決議能恢復使用武力的權力，但前提條件是安理會認定停火協議條款已遭到足以摧毀其基礎的嚴重侵犯。司法大臣回顧了兩個對立的觀點：一方面，如果安理會討論該問題，即使沒有達成結論，仍然有權使用武力；另一方面，只有此後的安理會決定才可以為使用武力提供法律基礎。他認為兩種觀點都有說服力，但最終認為 1441 號決議使形勢變得不明確，並認為最安全的合法程序是批准另一份授權使用武力的決議。一個合理的論點是，原則上講，1441 號決議能夠恢復 678 號決議中的授權，但只有在「強烈事實依據」（strong factual grounds）證明伊拉克沒有抓住最後機會的情況下，這一論點才繼續有效。「確鑿證據」（hard evidence）是必需的。

在 3 月 17 日的概要陳述中，司法大臣稱：對 687 號決議的重大違約可以恢復 678 號決議中的武力使用權；安理會在 1441 號決議中認定，伊拉克已經嚴重違反 687 號決議；1441 號決議已為伊拉克提供了最後一個履行裁軍義務的機會，並就其不履行義務可能導致的嚴重後果發出了警告；在 1441 號決議中，安理會還認定，拒絕合作履行 1441 號決議將被視為更進一步的重大違約；伊拉克「明顯」沒有遵循 1441 號決議，

因此，在 1441 號決議頒佈及之後，伊拉克都處於重大違約狀態；相應的，678 號決議中使用武力的授權可以「重新生效」並持續至伊拉克履行義務。他的結論是：「1441 號決議本該明確規定，如果要使用武力，必須再次獲得安理會使用武力的批准。因此，1441 號決議要求的一切不過是向安理會報告並由安理會討論伊拉克的違約行為，而非另一份明確授權使用武力的決定。」

我認為，這一說法在兩個基本方面存在問題。首先，針對伊拉克的違約行為，並非「顯然」需要武力解決，而且沒有強烈事實依據或確鑿證據表明伊拉克違約：漢斯・布利克斯（Hans Blix）及其武器核查小組並未找到大規模殺傷性武器，他們的工作正在取得進展，並且預期用不了幾個月就能完成。此外，關於伊拉克是否利用最後機會，竟然不是由安理會集體決定，而要採取其他方式決定，這是不能接受的。「重新生效說」本身就有問題。來自威登的皇家大律師亞歷山大勳爵（Lord Alexander of Weedon）在其才華橫溢的 2003 年 10 月 14 日湯姆・薩金特（Tom Sargant）周年紀念演講——《正義》中（在未能參考此前司法大臣「重新生效說」的情況下），稱此說「不足取信」。[39] 皇家大律師薩茲（Sands）教授更稱此說為「謬論」。[40] 羅維教授認為此說十分「愚蠢」：「聯合國體系的全

部意義在於，當安理會遇到問題時，只有它而非單一成員國有權進行處理。如果安理會想認可並授權美國、聯合王國和其他國家在 2003 年入侵伊拉克，安理會早就會這樣說了。但安理會沒有。」[41]

如果我的觀點是正確的，即美國、聯合王國和其他國家入侵伊拉克並未得到安理會授權，那麼這當然嚴重違背了國際法和「法治」。因為，單邊行動的結果會嚴重侵犯建立 1945 年後共識（post-1945 consensus）的基礎：依據《聯合國憲章》第 7 章，除非得到有權在安理會進行共同決策之世界各國的正式授權，否則嚴禁使用武力（自衛或為避免即將發生的人道主義危機除外）。如果一個國家認為，國際法律規則只對其他國家有約束力，那麼法律憑依的契約就毀壞了。如前人所說，「這就是世界警察（world policeman）和世界衛士（world vigilante）兩大角色的區別。」[42]

我應該把話說得更清楚。外交大臣施仲宏（Jack Straw）先生在 2003 年 3 月和當時的司法大臣哥爾德斯密斯勳爵曾強烈反對上述結論，[43] 其他人也可能有相同反應。

哥爾德斯密斯勳爵強調，當時他堅信自己的意見是正確的 —— 我並不質疑這一點 —— 並始終這樣認為。關於合法性問題，他主要強調三點。首先，（他說過）2003 年的武力使用

獲得了聯合國批准，因為最初的授權仍然有效。他指出，先前就有人援引過重新生效這一論點。一直以來，英國法律官員都很支持這一論點，聯合國秘書長也於 1993 年表示支持，當時的聯合國法律顧問亦表贊同。678 號決議和將伊拉克驅逐出科威特國境沒有聯繫。

他強調的第二點是，安理會的確制定了允許武力使用重新生效的條件。1441 號決議裁定伊拉克重大違約，並給予其最後履行義務的機會。這樣一來，安理會並不需要判定更多的重大違約行為。談判的過程已經使得這一點相當清楚了。

他強調的第三點是，英國認為伊拉克沒有把握最後的機會，這個結論是正確的。他曾建議首相在這一點上務必肯定無疑。1441 號決議並非關於大規模殺傷性武器。根據 1441 號決議，伊拉克必須全面合作，而英國政府認定伊拉克並未做到。

斯特羅先生對哥爾德斯密斯勳爵的話表示贊同。他曾說，談判的過程和 1441 號決議的措辭表明，安理會並無意圖要求，亦未表述有關重大違約的決定必須由安理會做出。他評價道，這可能會令人驚訝，但事實就是如此。

那麼，現在的問題就在授權了。這意味着我們需要回答三個問題。首先，誰獲得了授權？678 號決議授權「各成員國與科威特政府合作」。在 1991 年，這一表述相當清楚。但不能

把這個「各成員國」理解為前反伊盟國中如今僅存的兩個核心國家 —— 英美已經失去了原來的多數盟友，還遭到其中某幾個國家強烈的直接反對。多邊應用是 678 號決議的一個重要特徵。

第二個問題是：678 號決議到底批准了甚麼行動？答案是明確的。它授權將伊拉克軍隊驅逐出科威特並「恢復該地區的和平安全」。但 2003 年向伊拉克發動的全面入侵，明顯帶有推翻政府和佔據領土的意圖，可以預見這最終會引起大規模死亡，並很可能造成該地區的不穩定，人們很難將 678 號決議的授權解讀為批准入侵。

第三個問題：入侵是何時獲得批准的？如果說 1441 號決議做出了授權，這讓人有些難以置信，因為該項決議給予了伊拉克政府最後的合作機會。因此，很明顯不可能在第二天就發動入侵。但如果不是那時獲得批准的話，到底又是甚麼時候呢？任何一個聯合國成員國判定伊拉克政府有充足的時間合作卻沒有合作，這就算做出授權了嗎？正如我之前所說的，這會破壞安理會的集體決策程序，而這是第 7 章所轄內容的核心。入侵並佔領外地主權國家，如此重大且意義深的決策，其法律基礎必須比那些充滿爭議的理由要堅牢得多。不容忽視的真相是，英國政府希望並嘗試獲得安理會另一份授權使用武力

的決議，但面對國際上的反對聲浪，最終未能遂願。於是，英國在沒有其他授權的情況下，入侵了伊拉克。

交戰國在戰爭進行時及結束後應承擔的法律義務主要由以下條約管理：1907 年《海牙公約》(the 1907 Hague Convention) 附加條例和經 1977 年通過的四項議定書進一步擴展的 1949 年《日內瓦公約》(1949 Geneva Convention)。這些條約產生了廣泛的國際共識：有些作戰方式是不允許的（比如殺害傷兵、降兵，在無軍事必要的情況下摧毀財物）；戰俘應受保護，並受到人道、體面的對待；應儘量保護平民、非戰鬥人員、傷病員不受軍事活動傷害。戰爭結束後，佔領方「應運用其權力，採取一切措施儘量恢復、確保公共秩序和安全，同時應尊重該國施行的法律，除非已徹底廢止」。[44] 必須尊重財產和生命。[45] 佔領國無權改變戰敗國的法律和制度，但有一條規定，有些不同尋常：1945 年後對西德 (West Germany) 及日本的兩大佔領完全改變了當地的法律和制度。[46]

如我們所知，英國在伊拉克的佔領，因為很多事件，已經聲名狼藉。最臭名昭著者，即在巴斯拉 (Basra) 虐打巴哈．穆薩 (Baha Mousa) 先生至死。[47] 但此類違法行為並非政府政策有意為之，而受害者的權利也得到了承認。這和美國政府的單邊決定形成反差。美國政府認為，《日內瓦公約》不適用

於古巴關塔那摩灣的拘禁，亦不適用於特別軍事法庭（military commissions）對基地組織（Al-Qaeda）和塔利班（Taleban）囚犯進行的審訊，[48] 此外，基地組織嫌疑人不應享有戰俘和犯罪嫌疑人享有的權利。美國政府還違背《禁止酷刑公約》和國際意見的共識，認為應該重新定義酷刑，將其視作肉體疼痛，「劇烈程度接近死亡或臟器衰竭的嚴重生理創傷」。[49] 這成為了虐待的基礎，它和阿布格雷布監獄（Abu Ghraib）的照片緊密相連，已經成為世界人民記憶中不可磨滅的印象。這種現象在其他地方也有發生，紅十字國際委員會（2004 年 2 月和 2007 年 2 月）[50]、塔古巴將軍（General Taguba）（2004年 3 月）[51]、費依將軍和瓊斯將軍（Generals Fay and Jones）（2004 年 8 月和 2007 年 2 月）[52] 和美國律師協會（2004 年 8月）[53] 的報告詳細描述了這些觸目驚心的虐待行為。令「法治」倡導者尤為不安的是，布殊政府的某些高級官員自私自利，絲毫不關心國際合法性。所以，常務副司法部長（the Deputy Assistant Attorney General）約翰·柳（John Yoo）在寫給總統顧問委員會的文件中建議道：

> 我們因此得出結論，針對《禁止酷刑公約》，布殊政府依照其自身的理解，明確美國在履行該公約時享有有

效、實際的保留權益（reservation）。即使不是這樣，也沒有國際法庭依據該公約來覆核美國的行為。在其提出的一項附加保留權益中，美國拒絕接受（國際法庭）（任何事件中，該法庭只能聽審其他國家而非個人提出控訴的案件）基於該公約做出的判決。雖然該公約建立了一個委員會來監督踐約情況，該委員會只能進行研究而無執行權力。[54]

英國政府在這方面並未效法美國，不少知名的英國大臣（包括司法大臣）都曾公開批評美國的做法。

正如我一開始就強調的，根據已知、公認的規則，很多由國際法管理的事務都得以順利、常規地進行。通過解說伊拉克和其他地方的事件，我大概過分詳述了這座巨大冰山上的一小角違約行為。但對我而言，這些事件強調了國際秩序中「法治」存在的兩大嚴重缺陷。其一，在有些情況下，某幾個國家希望改寫規則以應對政治局勢中面臨的緊急情況，如英國在 1956 年蘇伊士運河危機（the Suez crisis of 1956）中的所作所為。其二是國際法庭審判的共識基礎。只有當事雙方同意之後，案件才能呈遞給國際法庭。儘管 192 個聯合國成員國中，有 65 個國家願意接受國際法庭的強制管轄（compulsory jurisdiction），大部分成員國還是不肯。聯合國安理會五大常任理事國（the permanent members of the Security Council）中，現在只有英國願意接受國際法庭管轄，俄羅斯和中國從未同意，而法國和美國表示不再同意接受管轄。實在可悲可歎。正如時任國際法庭院長的羅莎琳・希金斯法官閣下（HE Judge Rosalyn Higgins）2007 年 10 月在英國國際比較法學會（the British Institute of International and Comparative Law）的演講中所言，「因為訴諸國際法庭並非強制，所以未能達成公認的『法治』模式。」[55] 她認為，今時今日，處理《聯合國憲章》問題及其他相關問題時，**必須遵循常例訴諸國際法庭**，這一建議要等到採納，顯然遙遙無期。不過，我認為，想要「法治」在這一領域真正有效，必須採納這一建議。

伊拉克及其他地區的事件突顯出國際法的缺陷。但從長遠來看，它們可能會對公眾有好處。因為，雖然軍事干涉的合法性早先也引起過學術分析的興趣（著名的如傑弗里・馬斯頓 [Geoffrey Marston] 關於蘇伊士運河危機的分析 [56]），我認為大體而言，公眾對於這種干涉是否合法，興趣不大。在伊拉克事件中，大概因為在我國，發動這場戰爭明智與否，有無必要，都遭到了廣泛的質疑，所以，在我看來，合法性問題也顯得比以前更加緊迫了。這提升了公眾心目中國際法的重要性。《聯

合國憲章》第 7 章已經獲得愈加廣泛的承認，不僅僅因為它可以限制未授權的軍事行動，還因為它保證了此類行動是維持或恢復和平所必需的，也是適當的。這些都是傳統上正義之戰的條件。雖然做出預言通常都有風險，但我還是要說，那幾個因伊拉克事件遭到懲戒的國家大概不會急於重蹈覆轍。它們並未扭送國際法庭或其他法庭接受審判，為自己的行為負責，但它們受到了國際輿論的不利審判，損及地位與影響。要克服當今世界面臨的嚴峻挑戰，「規則」這一手段極其重要。這些規則必須在全世界得到認可，在全世界貫徹。如有必要，還應在全世界強制執行。這就是國際秩序中「法治」的要求。[57]

第三部分

11 恐怖主義和「法治」

　　美國不會支持所有以及任何以打擊毒品為名的措施，也不會支持所有以打擊毒品、打擊恐怖主義或恢復穩定為名的措施。對面臨暴力威脅的政府而言，最致命的誘惑之一就是採用暴虐無理的手段回應，而這會侵犯無辜公民的權利。恐怖主義是犯罪行為，應當受到相應的對待——這意味着公正公平、始終如一地執行法律。縱觀全世界的經驗，我們發現，打擊恐怖威脅的最佳方法，莫過於增強法律的執行能力，同時推進民主和人權。

2000 年 4 月 17 日，美國國務卿（the US Secretary of State）馬德琳・奧爾布賴特（Madeleine Albright）在烏茲別克斯坦（Uzbekistan）塔什干（Tashkent）的世界經濟與外交大學（the University of World Economy and Diplomacy）發表演講時説了上述這番話。

　　據我所知，歷史並未記錄烏茲別克人（Uzbek）對國務卿的評論作何反響，但當時的美國聽眾會覺得，這一評論的思

路是正統的，不僅符合「法治」，還體現了美國以尊奉為豪的價值觀。回顧這些事件，很多美國人都會有一絲羞愧悔恨，因為很多情況下，美國對自己感受到的威脅反應過度，譬如一戰（the First World War）後圍捕了一批假定為無政府主義者的人，珍珠港（Pearl Harbor）事件後拘禁了 110,000 名美籍日裔，甚至還從中美洲（Central America）成功綁架了 2,264 名日本人（這同樣發生在珍珠港事件之後）。此外，在麥卡錫參議員（Senator McCarthy）的唆使下，迫害了一批有共產主義者嫌疑的人。極多美國人大概都已經認識到 1987 年最高法院法官威廉・布倫南（William Brennan）這段話道出了真相：

> 當我們反思戰時和國家安全可能遭到威脅時，公民自由在美國國內受到的不公正對待，我們自豪的理由就少得多，而尷尬的理由卻多得多……每次假想的安全危機結束之後，美國都十分懊惱，發現廢止公民自由毫無必要。但事實證明，當下一次危機來臨之時，美國還是無法避免重複這種錯誤。[1]

英國人如若聽到了國務卿的言論一定不會聳起眉頭，感到吃驚。至少從蓋伊・福克斯開始，英國國內就時不時遭到恐怖主義暴行（或未遂的暴行）的襲擊。在帝國治下的各個地方，

英國也曾使用武力（有時甚至很殘暴地）還擊。兩次世界大戰期間，英國還拘禁過敵僑。最近，北愛爾蘭和大不列顛本土都遭受了長達 30 年的極端恐怖主義暴行。從兩個方面講，這段傷痛經歷尤為重要。首先，重要的原因在於英國政府始終都將恐怖主義作為民事緊急狀況（civil emergency）而非戰爭來對待。至於恐怖分子，不論其是共和派（republican）還是保皇派（loyalist），都被當作罪犯而非戰鬥人員來對待。其次的重要原因則在於英國當局拘禁了那些涉嫌恐怖主義的疑犯，採用了斯特拉斯堡歐洲法院譴責為不人道、可恥的訊問手段之後，[2] 認為這些手段是無效的，甚至適得其反，於是放棄，由是疏遠了國家穩定仰賴其支持的那些人。

至於 2001 年 9 月 11 日發生在紐約、華盛頓和賓夕凡尼亞（Pennsylvania）的事件，大家知道得很清楚，此處不贅。我將用「9.11」簡稱這次事件。它給美國人民留下了深重的創傷，也震驚了全世界。在美國和英國（後者於 2005 年 7 月 7 日亦遭到恐怖襲擊，不過規模較小，死傷較少），政府當局重新評估了馬德琳・奧爾布萊特描述的正統思路。

在美國，司法部長約翰・阿什克羅夫特（John Ashcroft）宣稱：「為了打擊、戰勝恐怖主義，司法部為起訴新增了一個範例（paradigm）—— 預防（prevention）。」[3] 粗略一想，這

個範例看起來有很多地方值得表揚。預防好過治療。這是肯定的。比起坐等襲擊，然後努力抓捕可能生還的主犯之一，努力預防後續襲擊肯定更好。忠君愛國者和守法之人也沒有甚麼可害怕的。2002 年 1 月，喬治‧布殊總統在發佈國情咨文（State of the Union）時，面對掌聲，説道：「美國將永遠堅定支持：那些為確保人類尊嚴而不可妥協的要求、『法治』、國家權力應受的限制、對女性的尊重、私有財產、言論自由、司法公正以及宗教寬容。」美國最高法院的休戈‧布萊克（Hugo Black）法官在 1964 年稱，美國「獻身」於「法治」。[4]

但是，後種族隔離時期（post-apartheid times），一名備受尊敬的南非首席大法官阿瑟‧查斯卡爾森（Arthur Chaskalson）先生認為，布殊政府所作所為和 20 世紀 50 年代的南非政府無異：

> 南非政府於 20 世紀 50 年代最先採取的舉措為更多的措施奠定了基礎，包括禁止非洲國民大會（the African National Congress），禁止泛非大會（the Pan African Congress），久而久之，還禁止了其他「反種族隔離」組織（共計 98 個），也為 20 世紀 60 年代及此後嚴苛的安全立法（security legislation）奠定了基礎。花言巧語的政

治言辭為這一切及此後的立法作了準備。白種選舉人受到警告：國家面臨著一場全面的猛烈襲擊。他們得知，這些立法並不針對守法公民，因而不會影響他們。共產主義者和恐怖分子才是目標。大部分白種人於是保持沉默，這些措施極少遭到反對。國家開始不經審判就實行拘禁，警察有權禁止受拘禁者與外界接觸，也不允許他們約見律師和醫療顧問。最初，拘禁最長 90 天，再發展到 180 天，到最後就變成無限期了。法庭被剝奪了向受拘禁者發佈人身保護令的裁判權。隔離受拘禁者和廢除法庭的裁判權，酷刑和其他虐待方式應運而生，如今都記錄在真相與和解委員會（the Truth and Reconciliation Commission）的聆訊記錄之中。[5]

就國際層面而言，布殊政府明確拒絕採取符合「法治」的方針。2005 年，五角大樓（the Pentagon）在《國防戰略》（National Defense Strategy）中警告：「我們作為單一民族國家的力量將持續受到那些人的挑戰，他們採用一種『弱勢者戰略』（a strategy of the weak），利用國際訴訟地、各類司法程序和恐怖主義為手段。」[6] 正如另一個並非不抱同情的美國作者 2004 年撰文評論的那樣，「我們可以坦然得出以下結

論：當今的美國政府並不贊同《聯合國憲章》尊奉的集體安全（collective security）方針。」[7]

　　在英國，背景音樂也變了調。2005 年 8 月 5 日，7 月爆炸事件之後，時任英國首相的貝理雅（Tony Blair）在每月例行的新聞發佈會上的一番評論反映了這一點。他說：「每個人都不應受懷疑，遊戲規則正在改變⋯⋯」這裏的用詞大概會令人不快，因為沒有任何負責任的人假定過有遊戲存在。一位博學的作家仔細研究這一問題，得出結論：規則唯一的變化就是，法庭要維護公民自由，並要政府為違法行為負責的意願更強了。[8] 但貝理雅先生至少擁有言行一致的美德。離任之際，他在 2007 年 5 月 27 日發表的一篇文章[9]中稱，將公民自由放在第一位是「危險的錯誤觀念」。他還說，這樣做是「失當的、錯誤的」。我認為，儘管他和其他大臣都沒有直接引用西塞羅（Cicero）的話，他們的指導原則卻一直都是西氏名言："Salus populi suprema est lex"（人民的安全即最高法律）。2009 年 3 月，英國首相白高敦（Gordon Brown）先生發表了《聯合王國打擊國際恐怖主義之戰略》(the UK's Strategy for Countering International Terrorism)。序言中，他意譯了西塞羅的話：「任何政府的頭等大事就是保證本國及其所有公眾成員的安全。」在英美，很多人都支持這一觀點，[10] 但對內亂

經驗頗豐的約翰・塞爾登（1584-1654）說過：「在這個世界上，這句話濫用得最多。」[11] 相比西塞羅，本傑明・富蘭克林（Benjamin Franklin）的觀點或許更可取 ——「將安全放在自由之前的人，既不配擁有安全，也不配擁有自由」。[12] 我們不能一邊背離那些基本準則，是它們令得我們這個社會值得稱道，一邊又向其他民族稱道我們這個社會。

向恐怖宣戰

在某些方面，英美兩國政府對基地組織恐怖主義的潛在威脅有着截然不同的反應。我希望大家注意到其中三大差異（毫無疑問，肯定還有其他差異）。其一，美國總統公開「向恐怖宣戰」。毫無疑問，就跟向匱乏、貧困、毒品或愛滋病（毒）宣戰一樣，從某種程度上來講，這只是政客的花言巧語。但這不僅僅是花言巧語，它還會產生實質性的結果。因為，一旦一名恐怖分子或恐怖分子嫌疑人被視作敵人而非犯罪嫌疑人，他就會受到武裝衝突法（the law of armed conflict）（如果這算得上法律的話）而非刑法的管轄，關於 1949 年《日內瓦第三公約》適用性的難題不可避免會產生（事實上也的確產生了）。美國不知不覺投入到了一場無限期的戰爭中，不清

楚自己的敵人究竟是誰，而戰場橫跨了整個世界。康納·吉爾蒂（Conor Gearty）教授稱：「基於公正和正當程序的刑事模型（the criminal model）已為基於恐懼和懷疑的安全模型（the security model）取代。從人權的角度看，這是反恐戰爭遺留的最大禍患。」[13] 對比之下，英國人始終堅持在北愛爾蘭確立的做法，將恐怖分子作為罪犯而非戰鬥人員對待。在將恐怖分子控罪的問題上，這大概是英國政府一直比美國政府更加成功的原因，喬治敦大學（Georgetown University）的大衛·科爾（David Cole）教授在一篇名為《英國人做得更好》[14]（*The Brits Do It Better*）的文章中也提到了這一點。他指出，同美國相比，英國對恐怖主義的反應「克制得多，也更加注重權利」，「更加慎重，更加注重差異，做到了謹慎地區別對待」。他還頗為欣賞地引用了刑事檢控專員（the Director of Public Prosecutions）——皇家大律師肯恩·麥克唐納（Ken Macdonald）爵士的一段話：「在英國的公共場所，打擊恐怖主義的鬥爭並不是戰爭。這只是為了預防犯罪……在恐怖主義犯罪領域保留立法限制（legislative restraint），這一慣例對維持與人權相和諧的高效程序而言，極為重要。」這種立法限制，在科爾教授看來，對英國在瓦解恐怖主義陰謀和制裁恐怖分子方面明顯取得更大成功，是有助益的。

行政權

第二大差異來源於第一大差異。美國國會 2001 年 9 月 18 日通過一項決議，授予總統一項權力：

> 如認為有國家、組織或人員曾計劃、授權、參與或幫助過 2001 年 9 月 11 日發生的恐怖主義襲擊，或有國家、組織或人員包庇上述組織或人員，為防止將來此類國家、組織或人員發動更多針對美國的國際恐怖主義活動，總統有權採取必要且適當的武力，予以打擊。

2001 年 11 月 13 日，一份總統軍令（Presidential Military Order）緊接而來，旨在「找出恐怖分子及其支持者，瓦解他們的活動，徹底消滅他們執行或支持（恐怖主義）襲擊的能力，拘禁（恐怖分子嫌疑人），並確保審訊時……由軍事法庭審訊。」[15] 這項命令適用於從事以下行為的非美國公民：曾經或始終明知故犯藏匿基地組織成員者；參與、協助、教唆、密謀進行損害美國利益的國際恐怖主義活動者。這項命令還授予了在全球任一指定地點無需審訊就拘禁疑犯的權力。此外，命令規定，如要審判疑犯，必須由特別軍事法庭主持，該法庭對證據的要求低於常設法庭，並有權判處死刑。[16] 即使美國牽涉在

一場重大戰爭之中，授權總統對其認定為對恐怖主義活動負有責任的任何人或實體使用武力，還允許在全球任何地方無限期拘禁恐怖分子嫌疑人，而無需控訴或審訊保證，這樣的行政權力也是極大的。英國國會從未將類似權力授予本國行政機關。

非正常引渡（extraordinary rendition）

英美兩國回應基地組織恐怖主義的第三大不同和引渡這一慣例有關。「引渡」是個新式表達，最初指在一國非法抓捕（實際上是綁架）某人，將其帶至他國接受審判。1993年，英國法院就遇到過這樣一樁案子。上議院認為，因為被告被帶至本國的方式公然違反了國際法，法院應當拒絕審判。[17]其後，上訴法院又遇到關於一名愛爾蘭共和軍（IRA）恐怖分子的一宗案件，這名恐怖分子在津巴布韋遭到非法綁架，然後被帶到英國，受到指控和公正審判，之後被判刑。法庭准許了他最後的上訴，因為，為了將被告帶至英國法院受審，政府的行為極其惡劣，明顯違背了「法治」。[18]

美國的方式則頗為不同。[19]如果被告按時出現在美國法庭，法庭根本不會追究他到底是如何來到美國的。1995年之前的十年裏，大約有三名被告被帶至美國接受審判。[20]但就

在 1995 年，克林頓（William Clinton）總統發佈了一份總統決策指令（Presidential Decision Directive），稱：「如果一個國家藏匿我們試圖引渡的恐怖分子，拒絕和我們全面合作，那我們將採取適當措施促成引渡。如果沒有東道國政府（the host government）的合作，我們可能會強行帶回疑犯。」[21] 這使得引渡的數量大大增加。指令發佈後的三年裏，就有 40 起引渡。[22] 但在這些案例中，逮捕疑犯只是為了令其在美國接受審判。2001 年 9 月以後，美國的做法變了，新做法被稱作「非正常引渡」。這指的是，逮捕疑犯後，將其移交至第三國，進行虐待或施以酷刑，其目的不再是令疑犯接受審判，而是從其口中套取訊息。三宗案子説明了實際操作中的非正常引渡行動。據我所知，這些案子的真相尚未遭到質疑。

德國公民埃爾－馬斯里（El-Masri）聲稱自己到馬其頓（Macedonia）是度假。進入馬其頓之後，他就遭到了馬其頓官員拘禁。這些官員將他交給了美國中情局（CIA）特務。後者將其帶至喀布爾（Kabul）附近一所中情局操控的勞教中心。他拘禁在此長達數月，不能與外界接觸，遭毒打、灌藥，還受到了其他形式的虐待。大概五個月之後，他被釋放到阿爾巴尼亞（Albania）的偏遠地區，再從此處回返德國。他隨後起訴了美國中情局，為自己遭受的綁架和虐待申索賠償。但聯邦地區

法院（the Federal District Court）（在上訴法院的贊同之下）未經任何聆訊就駁回了他的申索，理由是一旦審理該案，有關中情局行動的國家機密就會曝光。最高法院也拒不考慮他上訴的請求。[23] 埃爾–馬斯里被選中，似乎是因為他的名字和一名「9.11」劫機共犯相似，當美國發現他們搞錯身份時，國務卿就下令釋放了他。[24]

馬希爾・阿拉爾（Maher Arar）雖然出生在敍利亞（Syria），卻是加拿大公民，在加拿大生活工作了 17 年之久。2002 年 9 月，因為僱主召喚，他中斷了在突尼斯（Tunisia）的度假返回加拿大。返程中，他途經紐約約翰・F・肯尼迪（John F. Kennedy）機場。在此處，美國政府依靠加拿大警方提供的訊息將其逮捕。無人告知他尋求領事途徑的權利（right to consular access），加拿大政府也不知道阿拉爾在美國遭到了拘禁。在美國遭拘禁 12 天之後，他先後被帶至約旦（Jordan）和敍利亞。他在敍利亞入獄，在此遭到酷刑折磨，處於屈辱和非人道的環境之中長達一年。最後，敍利亞釋放了他，他終於返回了加拿大 —— 這次沒有經過約翰・F・肯尼迪機場。和埃爾–馬斯里一樣，他起訴了美國政府，但基於和埃爾–馬斯里案類似的理由，他的起訴被駁回。但是，加拿大政府堅持對此案發起司法調查。經過兩年半的調查之後，奧康納

（O'Connor）法官認為，阿拉爾從未從事過任何違法活動；他是美國、敍利亞和加拿大官員手下的無辜受害者；加拿大政府向美國政府提供了虛假且誤導的訊息；美國國務院（the US State Department）深知，在敍利亞，刑訊迫供被拘禁者乃是慣例。法官的建議促成了加拿大總理（the Prime Minister of Canada）公開道歉，警察總長（the commissioner of police）辭職，以及總額 1,000 萬加幣的賠償金。[25]

比舍・埃爾-拉維（Bisher Al-Rawi）和賈米勒・厄勒-班納（Jamil El-Banna）兩案令英國政府清楚地意識到，和阿富汗衝突毫無關聯的人也可能成為「非正常引渡」的對象。此外，向美政府提供訊息時，即使提出了使用訊息的限制性條款或前提條件，也不可以指望美國會遵守這些條件。2007 年 7 月，下議院情報和安全委員會（the Intelligence and Security Committee）關於「引渡」的報告講述了這個故事。[26]

埃爾-拉維是伊拉克公民，自 1984 年起在英國居住。他獲得了居留英國的特別許可，但並未申請英國公民身份。厄勒-班納是巴勒斯坦籍約旦人（Jordanian-Palestinian），以難民而非公民身份居住英國。這兩人引起了英國國家安全局（the Security Service）的注意，被認為與一名激進的神職人員 —— 阿布・卡塔達（Abu Qatada）—— 有聯繫。2002 年 10 月末，

國家安全局努力尋求厄勒-班納先生的合作。很顯然，這次嘗試失敗了。2002 年 11 月 1 日，上述兩人和另一人（英國公民）到達蓋特威克（Gatwick）機場準備飛往岡比亞（Gambia），他們稱此次行程是公幹。國家安全局對他們的行李進行了秘密檢查，發現埃爾-拉維的行李中有一件可疑物品，於是逮捕了這三人。國家安全局通過電報向美國當局報告了此次逮捕行動以及對這三人作出的評估，電報明確指出，其中訊息「只作研究和分析之用，不得用作公開、秘密或行政行動之根據」。11 月 1 日至 4 日，這三人接受盤問，住處亦遭到搜查，但似乎任何罪證都沒有找到。既然沒有充足證據起訴這三人，他們於 11 月 4 日獲釋。美國有關方面也獲悉，知此三人不久將赴岡比亞。應請求，美國將這一訊息通知了岡比亞，並確定岡比亞能否「報告此三人在岡比亞的行蹤」。這封電報還包含了一個條件，禁止「公開、秘密或行政行動」，預期可傳達給岡比亞，於是，也沒有醞釀逮捕行動。

2002 年 11 月 8 日，這三人回到蓋特威克，飛往岡比亞。此次航班的詳細訊息都告知了美國。到達班珠爾（Banjul）時，一名岡比亞公民和埃爾-拉維的兄弟 —— 一名英國公民 —— 接待了他們。岡比亞當局搜查了這幾位旅客的行李，發現了可疑物品，逮捕了這五人。其中，那位岡比亞公民翌日獲釋。11

月 10 日，逮捕行動報告給了英國國家安全局。其餘四人最初被岡比亞政府拘禁，後來轉交美國繼續拘禁。英國國家安全局可以得知調查的進展，卻無從知曉四人行蹤。

11 月末，美國有關方面告知英國國家安全局，四人將被移送至駐阿富汗巴格拉姆空軍基地（Bagram Air Base）。不論是口頭上還是書面上，安全局都表示了對此事的關注，並向美國駐班珠爾大使、美國國務院及華盛頓的國家安全委員會（the National Security Council）表示強烈抗議。結果徒勞無功。美國有關方面拒絕透露四人行蹤，並拒絕英國通過領事途徑接觸其中兩名英國國民，這明顯違背了《維也納領事關係公約》（the Vienna Convention on Consular Relations）。2002年 12 月 4 日和 5 日，兩名英國國民獲釋，回到英國，而埃爾-拉維和厄勒-班納還在美國人的手中。英國國家安全局向美國人保證，英國政府不會試圖向他們提供領事保護（consular protection）。

12 月 8 日，美國政府將埃爾-拉維和厄勒-班納帶至巴格拉姆空軍基地。在此處經過一段時間的拘禁之後，他們被轉移至喀布爾繼續拘禁，後來，在 2003 年 2 月，又被轉移至關塔那摩灣，如英國法院之後設想的那樣，他們在這裏遭到了虐待，這種虐待少說也是殘忍和帶侮辱性的。在關塔那摩灣，負

責判定受拘禁者是否屬於敵軍戰鬥人員的戰鬥人員身份審查法庭（Combatant Status Review Tribunals）判定，兩人都是敵軍戰鬥人員，對他們實施的拘禁亦屬合理。2007 年 3 月，在關塔那摩拘禁超過 4 年時間之後，他們終於獲釋，返回英國。此前，大概是受到了這一暗示的促動，即埃爾-拉維先生曾為或者獲釋後將為英國國家安全局效力，外交和聯邦事務部（the Foreign and Commonwealth Office）提出了抗議。此前，埃爾-維拉還在倫敦高等法院（the High Court in London）提起了訴訟。[27] 今天看來，他沒有任何罪名卻遭到指控。

情報和安全委員會是這樣表述結論的：

> 「引渡」方案表明，在所謂的「打擊恐怖的戰爭」中，只要美國認為有必要，且在美國法律准許範圍之內，美國就會採取任何措施，以保護國家安全不受某些人的危害，這些人在美國看來，會構成嚴重威脅。雖然美國可能注意到英國的抗議和關注，但這似乎並未對其「引渡」戰略產生實質性影響。[28]

在回應這份報告的文件中，英國政府援引了美國國務卿的擔保 —— 美國尊重其他國家的主權，不會將受拘禁者轉移至他國施加酷刑，進行刑訊。[29] 情報和安全委員會或許還可以補

充一句 —— 在其所謂的「打擊恐怖的戰爭」中，美國會無視國際法和國際人權法，採取其認為必要的任何措施，以保護其國家利益不受某些人的危害，這些人在美國看來，會構成嚴重威脅。根據現有訊息，尚未有證據表明英國政府曾和美國同謀實施「非正常引渡」方案，甚至連方案的全部訊息都未曾明確。從這個方面來講，英美兩國應對恐怖主義威脅的方式看起來頗為不同，但全部事實依然有待水落石出。

立法

英美回應「9.11」的差異就說到這裏。那相似點呢？這裏也有一些。我舉出七個。

首先，兩國都通過立法回應威脅。在美國，這體現為 2001 年《使用適當手段阻止或避免恐怖主義法案》（Providing Appropriate Tools Required to Intercept and Obstruct Terrorism Act 2001）—— 這個名字取得十分巧妙，可簡稱為《美國愛國者法案》（the USA PATRIOT Act）。這是一項浩大的工程，包括 134 條規定，長達 342 頁。它很快就獲得了國會兩院批准，幾乎沒有遭到任何異議。期間舉行的公共聆訊範圍非常小，也沒有一場會議或委員會報告。英國的模式也差不

多，不過更加令人吃驚。有了北愛爾蘭多年來處理恐怖主義的經驗，再加上深思熟慮，國會在 2000 年通過了一項詳盡的《恐怖主義法案》（Terrorism Act），包括 131 節和 16 張附頁。但「9.11」襲擊之後，英國在極短時間內就通過了 2001 年《反恐怖主義、犯罪和安全法案》（the Anti-terrorism, Crime and Security Act 2001）。但國會並未止步於此。自 2001 年《法案》通過之後，又有不少於五項法案問世，用於修訂或補充針對恐怖主義的法律。

非本國國民

其次，在兩國的反恐怖主義立法中，大部分嚴格規定首先針對的都是非公民（citizen）。因為他們不是公民，所以沒有留在兩國的絕對權利。在《愛國者法案》中，就國內而言，恐怖主義有一種意義，而考慮到移民，恐怖主義則帶有另一種更寬泛的意義。這正如科爾教授寫的那樣：

> 為甚麼同樣的行為，如果是由外國國民（national）實施的，就屬於「恐怖主義」，而如果是美國公民採取的就不是。國會和行政部門都未曾嘗試對此做出解釋。《愛國

者法案》通篇貫徹了此類差別對待，最嚴厲的手段都是留給非本國公民（noncitizen）的。因為清白的聚會結社就可以驅逐外國國民出境，或因其無害的言論就可以拒絕入境。光憑司法部長一句話，無需判定外國國民是否構成危險，是否有潛逃的可能（flight risk），就可以武斷地將他們打入牢獄。一條主要但不僅限於外國國民的規定批准，在刑事調查中進行秘密搜查，無需提供犯罪活動可能的理由──提供理由是刑事搜查的最低憲法標準（the constitutional minimum）。換句話說，僅僅大筆一揮，布殊總統就可以剝奪外國國民政治結社、政治言論、正當程序和個人隱私這些基本權利。[30]

根據《愛國者法案》移民規定的主體部分，如果非本國公民和不受歡迎的組織結交，就可能被驅逐出境。

看起來，歧視非本國公民是一項故意為之的行政政策。正如科爾教授和洛貝爾（Lobel）教授所寫：

2001 年 10 月在紐約城，當司法部長約翰・阿什克羅夫特在演講中首次宣稱「預防範例」時，他發誓，政府將利用其權利範圍內的所有法律來圍捕恐怖分子嫌疑人，避免我們遭受更多損失。他特別提到了移民法，並

警告恐怖分子，如果「（他們的）簽證過期，即使只是多停留了一天」，也將遭到拘禁。接着，政府對阿拉伯和穆斯林國家的移民和遊客採取了「零容忍」（zero tolerance）的移民政策，認為這樣就能根除恐怖分子。但美國自二戰以來最廣泛的一次種族定性運動（ethnic profiling）卻未能成功。特別登記程序（the Special Registration program）要求 80,000 名主要來自阿拉伯和穆斯林國家的人士在「9.11」後進行登記，結果一項恐怖主義罪名都沒能定。8,000 名阿拉伯和穆斯林後裔接受了聯邦調查局（FBI）當面盤問，在「9.11」之後的頭兩年，超過 5,000 名外國國民——事實上全部都是阿拉伯人和穆斯林——遭到預防性拘禁（preventive detention），時至今日，這些人當中也沒有一名被裁定犯有恐怖主義罪。在這些行動中，政府的記錄是，93,000 人中，無人有罪。[31]

這種歧視措施在 2001 年《反恐怖主義、犯罪和安全法案》第 4 節有所反映，該項法案規定，對於涉嫌參與恐怖主義的外國公民，可以不經控罪或審判，予以無限期拘禁，但此條規定不適用於可能有（事實上確實有）類似嫌疑的英國國民。再次重申，這類歧視措施是有意為之的政治決策，正如內政大臣（大衛·布倫基特）在一份討

論文件中所說，「即使有可能尋求其他權力來拘禁可能參與國際恐怖主義的英國國民，那也將是異常嚴峻的舉措。政府堅信，如此嚴酷的權力將很難證明其正當性……」（第 5 章曾引用）[32]

不經控罪或審判而拘禁

第三個相似點在於兩國採取的對策，即剛剛提到的不經控罪或審判即予以無限期拘禁，只是範圍不一樣。這一做法以前被視作虐民苛政的特徵。美國政府的預防性拘禁方案主要針對（如前所述）阿拉伯人和穆斯林，在該項目開始的前 7 週，就有 1,182 人被拘禁，[33] 而最終被拘禁的人約合 5,000。[34] 這其中有很多人根本沒被正式起訴，只是因為含糊不清的匿名指控遭到拘禁。極少人被判處恐怖主義罪。就這樣，將人無端視作基地組織成員，讓他們突然消失，接着關進秘密監獄，還在國內外大規模圍追堵截，秘密逮捕。這些都是美國批准實施的。它宣稱並執行了另一項權利——總統有權不經控訴或審判拘禁任何其認定的敵軍戰鬥人員。[35] 在阿富汗，在伊拉克，在國際上其他無法辨認的「黑獄」（"black" sites）裏，遭圍捕、拘禁

的人數尚未可知，但據説五角大樓已經承認，美國拘禁了超過 80,000 人，[36] 其中將近 800 人曾被囚關塔那摩灣。[37] 其中，有些人還只有 13 歲，[38] 而真正的恐怖分子則少得可憐。[39]

布殊政府將外國恐怖分子嫌疑犯拘禁在關塔那摩灣的行為促使美國最高法院做出了三項判決，這些判決均不利於政府。第一樁案子（拉蘇爾起訴布殊案 [*Rasul v Bush*]）中，[40] 爭論的問題是，如果受拘禁者不是本國公民，那他是否有權挑戰美國法院做出的拘禁判決。多數意見認為他有權這樣做。斯蒂芬斯（Stevens）大法官援引了《大憲章》，（贊同大多數人而）判定，約翰王曾在蘭尼米德宣誓保證，除非基於同等人或本國法律之判決，否則所有自由人都不應遭到拘禁、剝奪財產、剝奪法律保護權或流放。所以，行政監禁（executive imprisonment）一直被認為是強迫性質的，且非法的。因此，拉蘇爾先生有權在平民法庭（civilian courts）申請人身保護令。

為了不讓受拘禁者享受此項判決帶來的利益，法律又遭改動。在此之後，第二樁案子呈遞到法院：哈姆丹起訴拉姆斯菲爾德案（*Hamdan v Rumsfeld*）。[41] 多數意見認為，該案中，法律並沒有不允許聯邦法院（federal courts）聽審已進入候審程序的人身保護令訴狀，而受拘禁者有權受到《日內瓦公約》第 3 條（該條款禁止虐待與酷刑）的保護。此外，如果受拘禁

者將接受審判，其受審法庭應「按常規組成，並能提供所有文明民族視作必不可少之司法保證」。

法律條款又一次變動，再經過一次不尋常的程序扭轉——皇家大律師蒂姆‧奧提（Tim Otty）（他的團隊在三宗案件中都提交過仲裁協議 [submission]）[42] 對這次扭轉有過很好的描述——之後，第 3 樁案件到達了最高法院：布邁丁起訴布殊案（*Boumediene v Bush*）。[43] 這次判決又是根據多數意見做出的。對政府而言，這是一次影響重大的敗訴。多數意見認為，受拘禁者享有人身保護令這一憲法權利，而立法主張移除該項權利是不合憲法的，在為確定受拘禁者之法律地位而成立的裁判庭進行審判，缺乏重要的程序保護措施，故不能取代人身保護令。肯尼迪（Kennedy）大法官也贊同多數意見，他援引了《大憲章》、五騎士案（這宗案件促成了權利請願書）、詹姆斯‧森麻實案作為佐證。他還引用了亞歷山大‧咸美頓（Alexander Hamilton）在美國憲法辯論中的評論：「在任何時代，專斷的任意監禁都是暴政最喜歡、人民最懼怕的工具。」他作結道：「我們創立法律和《憲法》是為了讓它們流傳下去，即使在非常時期也依然有效。自由和安全可以相互協調，在我們的體系之中，能夠在法律範圍內達到和諧。」因此，我們可以這樣說，「法治」最終證明是正確的。但只有當受拘禁者

不再經受長年非法拘禁，不再遭受虐待之時，我們才有資格這樣說。

英國回應的範圍相對狹小得多，最初只是針對特定羣體：有參與恐怖主義活動的嫌疑、但無法將其驅逐回國，卻亦無權居住在英國的外國國民。按照通常的做法，如果一名外國國民的行為被判定為無益於公眾，內政大臣可以驅逐此人。對有參與恐怖主義活動嫌疑的人，內政大臣顯然可以這麼做。等候執行驅逐出境期間，政府可以將嫌疑人拘禁，但拘禁不能超過合理的時限，更不能無限期。[44] 英國政府面臨的問題是雙重的：根據《歐洲人權公約》第 5 條（第 7 章已述），一個將被驅逐出境的人，只能在等候執行驅逐出境期間受到拘禁，如無驅逐他出境的計劃，則不得拘禁此人。但歐洲法院一項約束英國的判決稱，如某人回國後確實有可能遭到酷刑，即使英國認定其對本國國家安全構成威脅，亦不可將此人驅逐回國。這就是查哈爾起訴聯合王國案（*Chahal v United Kingdom*）作出的判決：查哈爾先生是一名居住在英國的錫克教分裂主義者（Sikh separatist），被懷疑在其祖國印度參與了恐怖主義活動。他如果被驅逐回國，就有可能遭到旁遮普省（Punjabi）當局的酷刑。對於這類祖國在中東和北非地區的恐怖主義嫌疑人，由於他們回國後有遭到酷刑的危險，因而不可驅逐出境。又由於不

可將他們驅逐出境，因而無法在等候執行驅逐出境期間拘禁他們，那麼，英國應當如何處理隨之而來的問題呢？

在國會的同意下，英國政府採取的解決辦法是，廢除（實際上是選擇不執行）《公約》第 5 條。執行《公約》的部分（但非全部）條款時，在滿足某些條件的前提下可以行使該項權力。《公約》第 15 條規定了相關條件，這些條件適用於「戰時或國民的生命安全受到公共緊急事件威脅之時」，但使用「選擇不執行」權的「程度必須嚴格切合當時形勢下的緊急情況所需」，且所採取的措施「不能和國際法之下（該國的）其他義務相抵觸」。政府認為已經滿足這些條件，於是選擇不執行第 5 條，轉而准許拘禁涉嫌參與恐怖主義活動的外國國民，雖然查哈爾案的判決讓這些外國國民可以不被驅逐出境。

根據第 4 節，已在十六宗案件中行使了拘禁外國國民的權力。[46] 在後來為眾所知的貝爾馬什案 [47] 中——第 5 章和第 7 章曾提及，囚犯在貝爾馬什監獄遭到高度戒備的關押，其中九名發起訴訟，質疑拘禁的合法性。他們認為，選擇不執行第 5 條的條件並未得到滿足，即使滿足了相關條件，相關立法也違背了《歐洲公約》之下英國須履行的義務。這場起訴兜兜轉轉，經過一級一級法庭，但最終未能在上訴法院勝訴，而在 2004 年 10 月，上議院派出九名上議院高級法官組成超大規模的審

判團隊來審理此案。他們在 2004 年 12 月 15 日作出判決。其中一名上議院高級法官判定，因為「9.11」一類的暴行並未影響英國國民的生命安全，所以選擇不執行第 5 條的條件未得到滿足。但其他法官，懷着對本案程度不一的熱情，都認為這裏牽涉到政治判斷，因此他們不應干涉。在主要問題上，上議院高級法官以 7 比 1 的壓倒性投票判定，第 4 節和英國在《公約》之下的義務相抵觸。他們認為，該措施未能合理指出安全威脅，不是適當的回應，不是當時形勢下緊急情況所必需，而且基於國籍無理歧視外國國民。

上議院貴族法官的結論沒有要求國會或政府廢除或修正第 4 節，而是二選一：要麼保留第 4 節，同時承擔在斯特拉斯堡歐洲法院被上訴人打敗的風險，要麼用其他制度替代。最終選擇了後者。如第 9 章所提及的，2005 年《預防恐怖主義法案》(the Prevention of Terrorism Act 2005) 規定，如果內政大臣基於適當理由認為某些人涉嫌參與恐怖主義相關活動，在其認為有必要向這些人施加義務以保護公眾不受恐怖主義傷害時，可以向他們發佈控制令（應接受高等法院覆核）。此類通過令施加的義務，可為其對象帶來極其嚴格的的限制：每天長時間禁閉在陌生地方指定的公寓內，限制可以會面的人，剝奪日常的通訊手段，要求佩戴電子跟蹤標誌。這樣一來，不論

晝夜,他們在任何時候都可能接受政府的搜身。一旦違背了控制令的任何要求,他們就可能受到最長可達 5 年的監禁。但這些命令的名稱是「非減損性控制令」(non-derogating control order),因為,控制令如果是由內政大臣發佈的,那就不能以侵犯第 5 條的方式剝奪任何人的自由:如果那樣做的話,英國就又需要不選擇執行第 5 條了。可自貝爾馬什案之後,就再沒出現過這種情況了。至今有十八項類似命令發佈。[48] 同樣,基於眾多理由,立法的合法性受到質疑,其中一條理由就是,控制令施加的條件的確以累積的方式剝奪了其約束對象的人身自由。2007 年,上議院審理此案時,大多數上議院高級法官裁定,一宗案件中的限制條件 —— 包括十八小時的禁止外出(curfew) —— 的確以累積的方式剝奪了其約束對象的自由。[49] 但在其他案件中,相對較短的禁止外出(如每天十到十二小時)以及不甚嚴厲的限制條件都被裁定為符合第 5 條,[50] 上議院高級法官也沒有批判控制令制度。這一結論明顯令南非前首席大法官查斯卡爾森頗為苦惱:

> 控制令可能比聽上去的更糟。控制令可命其受害者每天待在自己家裏長達 18 個小時,而在 6 個小時「自由」時間內,受害者接待訪客,參加集會,會見他人,或

到達某些地方仍將受到限制。在南非，我們也有類似措施。我們把它叫做軟禁（house arrest），和 12 小時拘禁、24 小時拘禁不同。受到此類命令影響的人會覺得難以遵循其具體規定，導致違背命令，結果反而因此常常面臨控訴。[51]

與此同時，在我國，個人自由最基本的保護性措施之一，一直在遭到逐漸削減：對於未被起訴或釋放的恐怖主義疑犯，拘禁時間應有所限制。1997 年的時限是 4 天[52]，2000 年增加到 7 天[53]，2003 年增至 14 天[54]，2006 年達到 28 天[55]。但這還不夠。2005 年末，政府想要將時限提升至 90 天，雖然政府未能指出有哪一樁案子存在嫌疑人被拘禁 14 天（當時的最高時限）後，因證據不足，無法控罪即獲釋的情況。[56] 這一請求被下議院徹底否決。但政府不屈不撓，嘗試將期限增至 42 天，這一請求在下議院勉強通過，但於 2008 年 10 月 13 日在上議院遭到徹底否決。

公平聆訊之各項保證

英美應對恐怖主義的第四個相似點大概是，公平聆訊的

各項保證受到削減，第 9 章討論過這一點。在加拿大最高法院最近一宗案件裏，幾位法官達成一致判決，並由首席大法官宣判：「最後但絕非最不重要的一點是，公平聆訊要求告知當事人對其不利的案情陳述，並允許其反駁。此項權利已在移民法中確立。」[57] 原則是「如果一個人的自由受到威脅，他（她）必須知道自己將面臨的案情。」[58] 在審理立法方案時，法庭判定，「這一原則不僅僅受到限制，還遭到了實際上的破壞。如果一個人根本不知道指控自己的理由是甚麼，要他（她）如何辯駁？」[59] 法庭繼而發現，因為立法方案要求保密，受到控訴的人就沒有機會得知不利於自身的案情陳述，因此也無法質疑政府的證據。[60]

在本國，人身自由受到威脅的人有權得知不利於自身的案情陳述以便反駁，這一權利尚未遭到「實際上的破壞」。但是，正如第 9 章所論，在有些案子裏，政府不願將敏感的安全訊息公開給人身自由受到威脅的人及其律師，這令該項權利受到極大限制。看到這種情況，「法治」的提倡者難免坐立不安。

美國的起點卻有些不同。一連幾屆政府的移民官員堅持擁有基於未公開證據拘禁、驅逐外國國民的權利。這些官員認為，非本國公民無權同本國公民享有同等的憲法保護。2001年前，很多法院都否決了這項政策。但「9.11」從一定程度上

逆轉了司法意見的方向，法院也做出判決，維護政府在移民訴訟程序中向非本國公民保留證據的要求。同時，《愛國者法案》授權政府使用幕後提供的機密訊息，以支持凍結那些所謂恐怖組織的財產和穆斯林慈善機構的財產；政府也可向被指控支持違禁團體的美國公民行使這一權利。科爾教授稱，這屬於一個重複模式的一部分：非常權力最初只對非本國公民使用，理由是他們無權享有本國公民享有的憲法保護，因為這只針對非本國公民，因此極少有人抗議，接着這項權力就會延伸到本國公民身上。[61] 因證據保密，對其的任何使用不受質疑，這絕對有理由讓我們憂慮：達蒙・基思（Damon Keith）法官2002 年判處美國司法部長提交的一攬子政策違憲 —— 該政策規定，所有讓「9.11」調查員感興趣之人的移民訴訟都不對外開放 —— 時曾評價道：「民主國家，亡於幕後。」[62]

酷刑

應對方式的第五個相似點（就美國而言）大概是新的酷刑方式，或者（就英國而言）至少是對酷刑模棱兩可的態度。這令人震驚。如第 2 章提到的，1689 年《英國權利法案》嚴禁施加「殘忍且非正常的懲罰」，而 1791 年《美國憲法第八修正

案》照搬了這一條款。兩國都簽署了 1949 年《日內瓦公約》，其中的總第 3 條嚴禁對生命和人身施加暴力，嚴禁任何形式的謀殺、殘害、虐待、酷刑、針對個人尊嚴的暴行、羞辱人格且侮蔑尊嚴的待遇。兩國還簽署了 1966 年《公民權利和政治權利國際公約》（the International Covenant on Civil and Political Rights），其中第 7 條規定，任何人都不應遭受酷刑及殘忍和侮辱性的待遇或懲罰。兩國也簽署了《聯合國反酷刑公約》（the UN Convention Against Torture），其中要求，所有國家在其司法管轄權下的任何領土之上，應當阻止酷刑，規定無論何種特殊情況皆不得作為施加酷刑的理由，還要求將施加酷刑視為犯罪。

在 21 世紀初，人們或許原本以為，文明國家會嚴禁酷刑和羞辱人格且侮蔑尊嚴的待遇，文明法院必然會拒絕接受此類行為獲得的任何證據成果，這是再明白不過的事了。不幸的是，如前所言，美國官員改寫了酷刑的定義，這是一項有意為之的政策。在美國之外的世界，大部分人都認為這種強行施加的待遇是酷刑，美國政府現在也承認如此。至於在海外被執法的外國國民，本享有保護，免遭酷刑或殘酷的、不人道的、侮蔑尊嚴的待遇。美國官員也曾努力試圖剝奪這種保護，以便對身處海外的外國人實施在國內對美國人不能實施的行

動。[63] 在哈姆丹起訴拉姆斯菲爾德案[64] 中，最高法院裁定，在關塔那摩的受拘禁者受《日內瓦公約》第 3 條的保護，此前成立的特別軍事法庭系統有失公正，應予撤除。與此同時，美國國會卻在 2006 年《軍事委任法案》(the Military Commission Act 2006) 中的立法規定，將羞辱人格且侮蔑尊嚴的待遇去非法化 (decriminalize)，並在酷刑 (torture) 和虐待 (cruel treatment) 之間劃分了精確但不可操作的界限。[65] 只有約翰‧麥凱恩 (John McCain) 參議員要求，不論在何地，不論接受審問者屬何國籍，都嚴禁對其施加殘酷的、不人道的、侮蔑尊嚴的待遇。[66] 總統簽署該法案之時，附加了一項簽署聲明，表示「政府部門理解 (麥凱恩修正案) 時，一定會與總統監督統一行政分支部門的憲法權力及兼任三軍總司令 (Commander in Chief) 的權力相符，也會與司法權力應受的憲法限制的要求相符」。[67] 一名不友好的記者將這句話解釋為：「如果總統相信，授權動用酷刑能保護國家，他就會違背法律，批准酷刑。即使法庭努力制止，總統也會無視。」[68] 雖然《軍事委任法案》規定，通過酷刑獲得的證據不足採納，但如果脅迫 (coercion) 發生在麥凱恩修正案之前，且「脅迫的程度尚有爭議」，則仍可能援引脅迫所得的證據。大部分關塔那摩受拘禁者的情況當初可能都是如此。[69] 此外，根據《軍事委任法案》，「如軍事法

官認為美國獲取證據的方式是保密的」，原告「可以援引證據而不透露獲取證據的方式」。因此，在這類事件中，受拘禁者不可能確立其駁斥證據的基礎。[70] 但在《軍事委任法案》管轄範圍之內，這些規定只適用於非本國公民。他們將依據《軍事委任法案》制定的關於訴訟程序和提供證據的規定，接受特別軍事法庭審判，而美國公民則將依據美國刑法在常設法庭接受審判。從某種程度上而言，所有這一切都是美國總統推薦給國會的，以此彰顯美國對「『法治』的承諾」。[71] 但值得慶幸的是，隨着奧巴馬總統（President Obama）即將上任，美國在其多數歷史時期內秉持的價值觀——自獨立戰爭起，那時雖然英國對美國戰犯動用酷刑，華盛頓將軍（General Washington）依然禁止對英國戰俘施加酷刑——終得強勢回歸。

除了上述國際文件，英國還是《歐洲公約》的簽署國，其中第 3 條（第 7 章有述）授予了絕對權利，免遭酷刑，也免受羞辱人格且侮蔑尊嚴的待遇。即使處於緊急情況下，也不得選擇不執行。1978 年，愛爾蘭共和國曾起訴英國，[72] 歐洲法院認為（歐洲人權委員會也這樣認為）英國使用的審訊手段並非酷刑，而是不人道且侮蔑尊嚴的待遇。不過在後來，如第 7 章所言，歐洲法院表示標準已經改變，而當時的審訊手段應當視為酷刑。[73] 大概因為這次經歷的懲戒，擔心會有依據《公約》

產生的起訴，也可能是基於道德原則，自 2001 年以來，應對恐怖主義時，英國似乎並未使用過酷刑和虐待作為政策工具。至於英國官員有否以唆使、默認、漠視的方式，參與他人施行的酷刑，這還有待調查，尚未定論。但還不能說，英國已經與酷刑和通過酷刑得到的證據勢不兩立。所有人大概都期待英國能夠如此，因為這個國家的法庭曾開全世界風氣之先，拒絕了這兩種惡物。如前所述，繼貝爾馬什案之後，英國政府認為，如英國當局未曾參與海外酷刑，特別移民上訴委員會可以考慮通過此酷刑所獲之證據，而上議院則一致且強烈反對這一觀點。[74]

前面提到了查哈爾案中歐洲法院的判決：即使一名外國國民對本國構成安全威脅，如將其驅逐回國會令其有遭受酷刑的實際風險，則嚴禁將其遣送回國。毫無疑問，這項判決成為政府行動極為討厭的阻礙。韋俊安（John Reid）博士（時任內政大臣）稱這項判決「嚴重失當，令人憤怒」，[75] 並表示，下議院那些維護這項判決的人「根本就沒弄明白」。因此，英國盡力要說服歐洲法院改變想法。為達到這一目的，英國干涉了一樁案子。該案中，一名申請人控訴荷蘭將其驅逐至另一個國家的決定，因其擔心自己會在該國遭受酷刑。[76] 英國干涉的另一樁案子中，一名居住在意大利的突尼斯人面臨被遣返回突尼斯

的威脅，而他在突尼斯將面臨遭受酷刑的危險。[77] 但在查哈爾案中，歐洲法院明確重申了它的思路：「在現代，為保護其社羣不受恐怖主義暴力傷害，國家面臨着種種重大難題。因此，本法院（即歐洲法院）及其對社羣構成之威脅。儘管如此，亦不得質疑第 3 條之絕對性。」[78]

英國政府已和部分被提議為遣送目的地的中東與北非國家——包括約旦、黎巴嫩和利比亞——達成協議，確保被驅逐出境者回國後免遭虐待，這是規避查哈爾案所立禁令的另一個辦法。[79] 英國法庭已經接受與約旦的協議，認為約旦對被驅逐出境者提供了全面保護。驅逐回阿爾及利亞（Algeria）雖然沒有訂立協議，卻憑藉各項正式保證，亦獲准許。[80] 不過，驅逐回利比亞，雖有協議，仍遭否決。這是一個情況棘手的領域。常對受拘禁者施加酷刑的國家很少會承認這麼做過。瑞典曾基於「埃及政府對未來待遇做出的保證」將一名尋求庇護者驅逐回埃及，聯合國禁止酷刑委員會（the UN Committee against Torture）對此頗多貶詞，因為瑞典清楚，或者本應清楚，「對受拘禁者施加酷刑是埃及大範圍採用的一貫做法，尤其對於因政治和安全原因遭到拘禁的人來説，受到此類待遇的風險極高。」[81]

監視

英美兩國回應「9.11」的第六個相似點是政府對公眾成員的監視日益增強。美國起初採取的措施是非法的，但遭到了司法譴責，公眾獲悉後亦表示強烈抗議，因此監視規模都限制在一定範圍內，最後終止。英國的危險是，(據 2006 年 10 月 2 日 BBC 新聞報道，訊息專員 [the Information Commissioner] 如是稱) 使我國可能會夢遊般，在不知不覺中，步入一個監視泛濫的社會 (surveillance society)。我們採取的措施並無非法之處，公眾也保持噤聲。但沒過多久，我們卻淪為自由世界中受到最嚴密監視的民族。

在美國，1978 年《外國情報監聽法案》(the Foreign Intelligence Surveillance Act 1978) 准許政府只要懷疑某些人裏通外國，即可攔截其電話通話和電子郵件，且無須出示可信的懷疑理由。但是，只有當法官在竊聽發生之前或緊隨竊聽行為之後發佈授權令，此類竊聽方屬合法。因此，同英國一樣 (雖然程序上有所差異)，制定法制定了一個法律框架，管理通訊攔截。但「9.11」以後，布殊政府致力於「預防範例」，偏離了這一規則。通過一道秘令，總統在沒有任何司法令狀的情況下，准許美國國家安全局 (the National Security Agency) 攔

截通訊，從而繞開國會，授權對聯邦刑法進行侵犯。[82] 過了一段時間，這道命令才公諸於眾，當即遭到挑戰。2006 年 8 月，一名駐密西根州（Michigan）的聯邦法官（安娜・迪格斯・泰勒 [Anna Diggs Taylor]）裁定，這道命令有違《監聽法案》相關規定。同最高法院一樣，她駁回了政府提出的理由——總統是在其總三軍司令職權範圍內行事的。她在判辭中寫道：「美國不存在世襲的國王。」[83]（一年後，美國上訴法庭推翻了她的判決，而最高法院謝絕聽審上訴。）前總統尼克遜（Nixon）接受大衛・弗羅斯特（David Frost）採訪時，提到了一個類似的情況，曾大言不慚：「但凡總統所作所為，就一定不是非法的。」[84] 可時至今日，這種思路其實不得人心。布殊總統的秘令不僅遭到密西根州這家法院的否決，負責授權竊聽的法院也表示反對，[85] 公眾之中更激起廣泛反對。2007 年 1 月，他宣佈放棄無授權竊聽這一項目。[86]

在英國，針對通訊攔截的法規制定於 1985 年，受攔截的通訊必須符合諸多具體理由中的一項。[87] 必須提前獲得由政府大臣簽署的授權狀；授權狀發出之後，將由一名在職或退休法官負責做回顧性審查；錯誤應相對較少；攔截次數應相對適中。但自 2000 年實施《調查權監管法案》（the Regulation of Investigatory Powers Act 2000）以來，情勢已經改變。超

過 650 家公共機構得到授權，獲取通訊數據，其中包括本國所有的 474 處地方當局。它們可能會運用這項權力來阻止和發現嫌疑犯，包括交易員罪犯（rogue trader）、亂扔垃圾者（fly-tipper）和詐騙犯。類似權力也授予了其他方面，包括 52 家警隊和 110 家公共權力機構，自 2006 年 4 月 1 日到 12 月 31 日，其中就產生了 253,577 份獲取通訊數據的申請。[88] 自動車牌識別攝像機（number-plate-recognition cameras）網絡記錄下了行駛在高速公路上和穿行市中心的所有車輛。[89] 據説，英國擁有超過 400 萬台閉路電視（CCTV）攝像機和全球最大的 DNA 數據庫，條目超過 425 萬，涵蓋了十四分之一的居民[90]（雖然其中部分條目或已抹除）。根據一名部長近期編制的卷宗，超過 1,000 部法律和法規准許官員強行進入民宅、車廂內和營業場所。[91] 753 項制定法條和 290 項法規批准了這一權力，其中近半（430）都是 1997 年起實施的。國際隱私權保障組織（Privacy International）的調查顯示，英國現在是歐洲監視最嚴密的國家，一名時政評論員有感於此，説道：「德國在 20 世紀擁有獨特的雙重不自由（unfreedom）經歷 —— 納粹和史塔西（Stasi，前東德秘密警察）。現在，根據國際隱私權保障組織的調查，德國反而是監視程度最輕的國家。」[92]

當然，英國激增的監視程度大概得益於近年來科技的顯

著進步。不過,「9.11」和 2005 年 7 月爆炸事件令英國政府急切想要了解和記錄更多有關公眾成員的訊息,這很明顯。除了政府提議使用承載大量個人計量生物學數據(personal biometric data)的統一身份證之外,對於國家這種穩步侵佔早先公認為公民隱私領域的行徑,公眾中的大多數人都表現得漠不關心。之所以漠不關心,大概都是認為,只要目的(預防恐怖主義暴力和抓捕罪犯)正當,可以不擇手段;也可能是因為尚未意識到正在發生甚麼事;還可能是因為監視並不公開,所以沒人知道別人正在監視自己,記錄自己的動作,攔截監聽自己的通訊。

曾有一名雄辯且立場堅定的批評家(亨利・波特 [Henry Porter] 在《觀察家報》[the Observer] 上寫稿)感歎我國淪為監視泛濫的社會,指出:上述這段歷史證明了《人權法案》的失敗。[93] 某種程度上講,這句話並沒說錯。但是,法院只有在審理起訴,做出裁決之時,才會發現違反《法案》的行為。正如第 7 章提到的,基於《歐洲公約》第 8 條本可以發起此類訴訟,但這類訴訟少之又少。我們只能推測,如有人發起這類訴訟,法庭將會如何解決。從自由主義的角度看,英國的結果遠不如美國那般可取。不過,就目前實際情況而論,英國政府(不像美國政府)可以宣稱,在公眾監視這一領域,已經遵循

了「法治」。

伊拉克戰爭

我認為，英美兩國回應「9.11」的第七個，也是最後一個相似之處，大概是共同入侵伊拉克了吧。對此，第 10 章已作討論。但這件事有個矛盾之處。從某種意義上講，入侵伊拉克只是針對「9.11」的回應，如果「9.11」不發生，根本不會有入侵。這點看似明白無誤。但如果有人問：伊拉克或者薩達姆・侯賽因和「9.11」有甚麼關係？答案是，且一直都顯示是：沒有。每個理性的人都會譴責薩達姆・侯賽因野蠻的專制政權，但「9.11」的責任不能歸咎於他。第 10 章中，我已經給出了入侵伊拉克違背了「法治」的原因。

結論

嚴重恐怖主義暴力 —— 那些執行者為了殺戮他人，不惜犧牲自己 —— 的到來，考驗着我們能在多大程度上遵循「法治」：因為國家會竭力保護本國人民不受此類暴力後果的侵害，**這是國家的義務**。同時，還存在着跨越合法與非法兩者界

限的強烈誘惑。

在此危急關頭，我們是否還有原則可以堅持？有。2002年，歐洲委員會明確表述了這樣一條原則：

> 對於遭受恐怖主義活動侵害的國家，其政府和議會必定急欲無視民主國家法律的保護性措施，採取以暴制暴之策。但我們要明確這一點：雖然國家有權開足其合法武器的所有火力來壓制和防止恐怖活動，但此措施不可濫用，否則只會削弱國家努力想要護持的基本價值觀。因為，如此還擊的國家將會落入恐怖主義為民主和「法治」設下的圈套。[94]

國際法學家委員會（the International Commission of Jurists）在 2004 年 8 月 28 日的《柏林宣言》(the Berlin Declaration) 中也認同了一條類似的原則：

> 為打壓恐怖主義活動，國家在採取應對措施時，必須嚴格遵循「法治」，包括刑事法和國際法的核心原則與國際人權法、難民法、（如果適用的話）人道主義法的具體標準和義務。這些原則、標準和義務為國家針對恐怖主義可以採取的合法行動劃定了界限。恐怖活動的萬惡

本質不得作為國家忽視其國際義務的原因或藉口，在保護基本人權時尤忌如此。[95]

最後，我或許應該引用偉大的天主教思想家克里斯托弗‧道森（Christopher Dawson）的話來作結。1943 年，英美兩國正經受着納粹巨大邪惡力量的考驗。那時，他寫道：「**一旦人們認定，為戰勝邪惡可以不擇手段的話，那麼，他們的善和他們最初想摧毀的惡便了無差別矣。**」[96] 當然，肯定有人會認為，此話是「危險的錯誤判斷」。[12]

【12】　原文為 "As soon as men decide that all means are permitted to fight an evil then their good becomes indistinguishable from the evil that they set out to destroy."。

12 「法治」與「國會至上」

　　如果要我們指出當今英國的憲制定猷（constitutional settlement）的顯著特點，我覺得，大多數同胞會指出，或者會在列出的清單上包含這兩點：**堅持對「法治」的承諾，並承認女王治下的英國國會（the Queen in Parliament [under God]）是本國至高無上的立法權威**。我們認為，對「法治」的承諾是我國和全球其他自由民主國家廣泛共享的──不計較靈活變動的話。對比之下，我們對「國會至上」的接受使得我國和歐盟其他成員國、美國以及幾乎所有英國允許其憲法獨立的前自治領土和前殖民地都頗為不同。在這些國家，法院負責闡釋憲法，而憲法是國家至高無上的法律。因此，如果制定法和憲法相抵觸，即使前者是合法制定的，也可能被裁定為違憲，因而無效。我們擁有一些不可剝奪的權利，可以表達對政府，也可能是對反對黨的不滿，即使我們對 1859 年安東尼‧特羅洛普（Anthony Trollope）評論政局時流露出來的志得意滿並無太多同感，但在接受這項權利的時候，我覺得公眾對「國會至上」

的不滿情緒也沒有突然激增：

> 在英格蘭，君主、上議院和下議院似乎都做得相當好。有一些人可能覺得這個體系需要這樣改進，另一些人則可能覺得需要那樣改進。多多少少，我們可能需要，或者不需要改革。但總體而言，我們接受着誠實、自由和成功的統治，至少我們享有的誠實、自由和成功比其他大部分國家要多。這三大領域都享受着人民普遍的尊重，而贏得上下議院的席位向來是人們的宏願。因此，可以說這個體系獲得了成功。[1]

但現在，備受尊敬的權威人士開始質疑，「國會至上」能否和「法治」共存。教授弗朗西斯・雅各布斯爵士（Professor Sir Francis Jacobs）最近在其極負盛名的哈姆林講座 ——《法律至上：歐洲之路》（*The Sovereignty of Law: The European Way*）—— 中評論：

> 法理上講，今時今日，要確認一個國家，在該國，「至高無上的」立法機關行使權力時不受任何法律限制，這且不說不可能，但至少很難。此外，無論國際還是國內，「至高無上」和另一個概念並不相符。這個概念也擁有長久

的歷史，時至今日，依然廣受認同，被推崇為最高的價值觀，那就是「法治」。[2]

他接着說：法治「不可能和傳統意義上的『至高無上』共存。」[3] 牛津大學政治學教授弗農・博格達諾（Vernon Bogdanor）先生也有類似的言論，他最近認為，「『國會至上』和『法治』這兩大憲法原則明顯存在衝突」，如果衝突得不到解決，可能會引發憲法危機。[4] 有些著名學術作者[5] 和法官反思了這一觀點之後，在他們正常法律職權以外的言論[6] 以及附帶評論[7] 中稱：國會不是，或者說，不再是至高無上的了。在某些情況下，如果制定法令（statute）違背了根本的、更高的法或「法治」精神，法官可以不經國會授權，自行判定該法令無效。如果這種觀點是正確的，那麼「法治」和「國會至上」或許並非我們曾經以為的那樣，是一對恩愛夫妻，而是真正的仇讎或者潛在的敵人。所以，我必須更加仔細地研究「國會至上」，來補充本書對「法治」的討論。雖然「國會至上」的概念由來已久，演說家和茶餘飯後的閒談者一直使用這個表述，但不能因為它如此有名就不需要再作介紹。

博格達諾教授已經指出，「國會至上」的實質可以用一句話來表示：「英國國會制定的一切皆為法律。」[8] 戴熹教授借用

過一位 18 世紀作家 [9] 的話，而這句難忘的格言因此聞名：「除了將女人變成男人，將男人變成女人，國會可以做任何事情。對律師來說，這是英國法律的基本原則。」[10] 所以，通過常規立法程序，國會可以改動任何根本法（fundamental law）或憲法性法律（constitutional law）。當然，這並不意味着國會是全能的。即使是最偏執的立法者也不會認為，英國國會合法制定的法令能夠有效禁止紐約街頭的吸煙行為，或者俄羅斯的伏特加烈酒（Vodka）消費。這項原則意味着，在英國，國會是至高無上的立法機關。法院天生無權廢止、撤銷、逾越或無視英國國會合法制定的明確法令。事實上，法院在這方面的權力極為有限，只能詢問一項法令的制定是否合法。[11] 所以，表達這項權力，就一定會暴露我早已提及的衝突或不和諧。因為，如果根據我國憲法，國會可以制定任何法律，而法院無權廢止或修改法律，那麼不論人們認為人權是多麼基本的權利，國會肯定可以立法廢除或侵犯任何人權或者國際法領域內英國應履行的任何義務。法院已經誠實勇敢地面對了這一問題。一位著名的司法權威曾對憲法問題做過如下評價：

> 如果立法的條款明確清楚，不論其是否執行了女王治下之英國的條約義務（Her Majesty's treat obligations），

都必須予以實施，因為女王治下的英國國會那至高無上的權力已經擴展至違反條約的地步了（引用權威的話）。此外，對於此類國際義務的違反，任何補救措施都存在於女王治下英國法院以外的訴訟地（forum）。[12]

同樣的規則也適用於對基本人權的侵害。這種思路和第 7 章中我稱之為「法治」的「狹義」概念，而不是「廣義」概念相一致。

因此，「國會至上」的批判者輕而易舉便可想到那些駭人聽聞、遭人反對的不公法令：剝奪猶太人國籍、禁止基督徒和非基督徒通婚、解除黑人和白人的婚姻關係、沒收紅髮女人的財產、殺害所有藍眼睛的嬰兒、剝奪大部分居民的投票權、批准官員以「莫須有」的理由隨意施加懲罰。[13] 不會有人認為國會竟然會制定這類法令。即使真是如此，也不會有人認為公眾竟然會接受這類法令。但還是有可能想到一些不這麼極端，不這麼荒謬，但仍然會侵犯基本權利的法令。單單因為國會有做出此類行為的可能性，就有觀點主張，「國會至上」不能，或者不再能得到全面尊重。

1610 年，愛德華・庫克爵士就博納姆醫生案（*Dr. Bonham's Case*）評論道，和普通權利（common right）與理

性相悖的法令應宣佈無效。[14] 那些想要削弱「國會至上」原則的人就從這句話中汲取力量。但是，庫克想要表達的意思並不完全清楚。[15] 看起來，這句話是判決做出之後才加上去的，[16] 也沒有體現他後期的觀點。[17] 這句話也是他被解除王座法院首席大法官職務的原因之一。[18] 甚至在當時，這句話也沒能博得普遍認同。[19] 傑弗里·戈茲沃西（Jeffrey Goldsworthy）出版過一本關於「國會至上」的權威著作（我於此書借鑒頗多，銘感此書對我的教益）。他在書中表明：所有記錄在冊的案件中，法庭從未在沒有在國會授權的情況下，廢止或撤銷任何制定法令。這一點的重要性不容忽視，即使從未有人就這個問題做過裁決（這的確也是事實），因為它本身意義重大。如戈茲沃西所證明，「國會至上」原則已得到我國憲法、法律和文化史最權威人士毫無保留的支持，我對此完全相信。我只需提及伯利（Burghley）勳爵、羅伯特·西索（Robert Cecil）爵士、馬菲·黑奧爵士、弗朗西斯·培根（Francis Bacon）、約翰·塞爾登、約翰·洛克（John Locke）、哈利法克斯侯爵（the Marquess of Halifax）、布萊克斯通、亞當·斯密、塞繆爾·約翰遜、哈德威克（Hardwicke）勳爵、孟德斯鳩（Montesquieu）、湯瑪斯·潘恩、梅特蘭（Maitland）、霍爾茲沃思、戴熹。[20] 正如王座法庭 1872 年所稱：「在本國，沒有司

法機關可以質疑國會立法的合法性。立法機關制定的法案，其權威高於任何法院⋯⋯所有法院均不得做出有關國會立法合法性的判決。」[21] 約翰・詹姆斯・帕克（John James Park）是倫敦英皇書院（King's College）最早的法學教授之一。1832年，他也明確宣稱，英國憲法的根本法不允許一般法（ordinary law）那樣的改變。[22] 他引用了一名美國作家的話：

> 關於他們的憲法，英國法學家承認，國會立法可以修改憲法中所有重要的部分。這就是說，只要國王、上議院和下議院認為適當，就可以廢止、撤銷現存的法律，通過與所有人預料完全相反的任何新法律，並將其尊奉為他們的古老憲法。法院不可⋯⋯因此類法律不合憲法而宣稱其無效。[23]

那些努力想要削弱「國會至上」原則的人更喜歡的主張是，國會至高無上之權曾經是絕對的，但不再如此了。為支持這個論點，他們通常會舉出三個例子：一、1972年《歐盟法案》；二、1998年《人權法案》；三、1998年放權給蘇格蘭、威爾斯和北愛爾蘭的三項法案。我認為，這些例子無一能支持這些人力挺的觀點：雖然這些法案都要求削弱英國國會的立法權，但只有在國會的明確授權之下，這些削權提議才得以生

效。所以，至少從理論上來講，國會保有廢除的權力。

1972 年《歐盟法案》於英國成為歐盟成員國之時，在英國頒佈施行。其中第 2 節和第 3 節本質上規定，歐盟的法律在英國應具有法律效力。在此之前，歐洲法院早已裁定，《羅馬條約》在成員國內部具有直接效力。如有任何成員國的國內法抵觸歐盟法，則以後者為准。[24] 隨之而來的必然結果是，如若國內議會將要制定的法令違背歐盟法的相關規定 —— 英國國會制定的 1988 年《商船航運法案》（the Merchant Shipping Act 1988）和 1978 年《僱用保護（統一）法案》（the Employment Protection [Consolidation] Act 1978），則該項法令將全部或部分失效，在後來適當的時候，對非常典型的這兩項法案就是如此操作的。[25] 因為程序的確涉及法院廢止法令，所以從批評者的角度看，這是最好的例證。但法院之所以這麼做，不過是因為國會行使其立法權，命令法院如此行事。如果國會行使同樣的權力，命令法院不要這樣做，法院照樣是要遵從的。

基於《人權法案》設想出的特例就更無說服力了。這項法案廣受讚賞（令人吃驚的是，雖然貝理雅政府提倡該項法案，首相本人卻並不欣賞它），起草之初就十分謹慎，避免本國立法因為與在國內由該項法案賦予法律效力的《歐洲公約》條款相抵觸而被法庭宣佈無效。相反，該項法案允許更高級別的法

院公開明確本國法律與《公約》的不相兼容，各部大臣可採取措施對此予以修正，但並不責成大臣這樣做。[26] 貝理雅先生曾為推行《人權議案》的白皮書（the White Paper）作序，將立法方案解釋得相當清楚：

> 本國政府得出結論，法院無權以一級立法（primary legislation）和《公約》不符為由，廢止過去或將來的一級立法。之所以如此認為，是因為政府覺得「國會至上」十分重要。在這一情境下，「國會至上」意味着，國會有能力自行選擇，制定有關任何問題的任何法律，而法院無權質疑國會批准的任何法案是否合法……如果《議案》授權法院撤銷國會立法，那就會授予司法機關控制國會決定的普遍權力，而在我們當今的憲法體制中，司法機關並不具備這種權力。此外，司法機關和國會還可能就此陷入偶爾的嚴重衝突之中。沒有證據表明司法機關希望得到這種權力，也沒有證據表明公眾希望司法機關擁有這種權力……[27]

因此，在實施《人權法案》時，法庭擁有所謂的「極其具體、完全民主的授權」，[28] 但這項授權來自國會，不能超越英國國會至高無上的立法權威。

影響到蘇格蘭、威爾斯和北愛爾蘭的放權立法（devolution legislation）肯定曾受到這樣一種觀點的推動：英國國內特殊的民族社群（national communities）應承擔更多管理自身事務的責任。所以，國會規定，以前由國會和部分中央政府部門行使的某些職能應下放至地方行政部門。但是，《蘇格蘭法案》第 28 節第（7）條很明確，這一規定並不要求國會永遠放棄至高無上的權力：「該節規定不影響聯合王國國會為蘇格蘭制定法律之權力。」《北愛爾蘭法案》也包含一條類似規定。[29]

還有人表示，《合併法案》1707 年生效之前，「國會至上」原則尚未適用於蘇格蘭。此外，因為 1706 年《蘇格蘭合併法案》（the Union with Scotland Act 1706）令《聯合條約》（the Treaty of Union）生效，人們同意《條約》的部分條款「不可更改」（unalterable），並且《蘇格蘭合併法案》也稱「不可更改」，所以《蘇格蘭合併法案》本身不能被修正（amend）或廢除（abrogate）。這一論點得到了一定的司法支持。[30] 但這一論點的好處一點兒也不清楚。[31] 我們很難明白，1707 年前的蘇格蘭議會除了廢除自己（它確實這樣做了）以外，還能怎樣完成其他甚麼更為基本的大事。而且，我們也難以接受這樣一件事：即使英國國會內部明顯有大多數人贊成修改《合併法案》，

國會也無權這樣做。但是，如果「國會至上」原則真有一個例外的話——雖然我對此表示懷疑——那也是產生在合併蘇格蘭的特定情況之下極其有限的一個例外，並不違背原則的普遍適用性。

在一宗質疑 2004 年《狩獵法案》(the Hunting Act 2004) 合法性的案子中，我備受尊敬的老同事斯泰恩勳爵作了一番評價，激起了廣泛的興趣。[32] 他的評論同當時案件中爭論的問題和必須裁決的問題毫無關係，因此不具備權威，無法作為先例，但和我當下思考的問題頗有關聯。他說：

> 戴熹為「國會至上」原則作過一番經典說明，他的說明雖然純粹而絕對，但如今看來，已經和現代英國格格不入了。儘管如此，「國會至上」仍是憲法的總原則。它是普通法的構造物。是法官們創立了這一原則。果真如此，可想而知，在有的情況下，法院可能必須使一項基於立憲主義 (constitutionalism) 另一番假設的原則生效。在想要廢除違憲審查或法庭常設功用 (ordinary role) 的特殊情況下，上議院上訴委員會 (the Appellate Committee of the House of Lords) 或者新的最高法院可能必須考慮：甚至連根據殷勤的下議院之請求行事的權威無上的國會也

不能廢除的原則，是不是一項憲法的基本原則。[33]

克雷格黑德的侯普勳爵（Lord Hope of Craighead）也稱「國會至上」原則是「由普通法創造的」[34]，意即由法官創造。里士滿的黑爾女男爵（Baroness Hale of Richmond）補充道：「對於任何意在促成影響個人權利的政府行動免受違憲審查，從而顛覆『法治』的企圖，法院都滿懷疑慮地處理（甚至可能駁回）。」[35] 這些評論在有些地方受到歡迎，但一名尖刻的學術評論家卻稱它們「未加辯論，理據不足」，「從歷史上來講是虛假的」，「從法學上來講是荒謬的」。[36] 這些評論沒有引用權威人士的話作支持，也沒給出詳細的理由。

就我而言，我並不認同我這幾位同事的評論。我們不能將「國會至上」原則直接歸因於制定法。歷史記錄表明，這種制定法根本不存在。這是毫無疑問的。但這並不意味着，這項原則肯定是由法官創制且可修改的普通法產物：果真這樣，那制定法就可以修改這條規則，因為任何普通法規則的顯著特徵就是，如果和制定法規定相違背，須以制定法為準。我國已經公認「國會至上」原則為基本原則，並非因為它是由法官發明的，而是因為數個世紀以來，法官和其他與我國憲法系統運作有正式關係的各界人士都這樣認為。在我看來，這一點已得到

極為有力的證實。[37] 法官們未曾自行創立這項原則，也不能自行改變。

長久以來，我對於這一結論未曾後悔。戈茲沃西教授給出了非常好的理由：

在法律體系中，最終決策權——「一錘定音」的權利——的位置岌岌可危。如果法官不允許國會侵犯不成文的權利，從而否認「國會至上」原則，他們就是在為自己索取那最終決策權。在處理關於「人民的基本權利是甚麼？立法是否與其相符？」的分歧時，法官而非國會的觀點便會具有最終效力。鑒於在當今西方世界的各個社會，所有道德爭議和政治爭議實質上都涉及有關權利的分歧，這會導致大量政治權力由國會轉移至法官。而且，這種權力轉移是法官為了保護他們選定的權利而主動發起的，並非是以民主的方式，通過國會法律或全民公投（referendum）而實現的。難怪，經選舉產生的政府部門對這種前景憂心忡忡。[38]

我深表同意。英國人並沒有為了讓自己遵從未經選舉的法官們那些不容置疑的判決，就反感羅馬教宗插手宗教事務，反感王室權力在世俗事務上的權利主張。憲法應當反映大多數

民眾的意志。此處考量的此類憲法變動，要麼不變動，要變動就應當與這一意志相符。正如 1621 年一名議員所說：「法官是法律的法官，而非國會的法官。但願英國的政權永不會被法官判刑。」[39]

所以，對那些跟隨我一直閱讀到這裏的讀者來說，我們可以得出這樣的結論。我們生活的社會專注於「法治」；在這裏，國會受到自我施加的有限約束，但擁有依照自我意願立法的權力；因此，國會的立法可能會侵犯「法治」；法官一貫堅持其依據法律與國家慣例施行正義的憲法義務，如果法律表達得清楚明白，法官不可能不實行。那麼，我國憲法體系的中心有無缺點呢？有人會回答沒有，因為雖然從理論上來講，國會的立法權會侵犯「法治」和基本權利，但我們大可放寬心，國會實際上絕不會這樣做。毫無疑問，我們完全可以無視立法歧視藍眼睛嬰兒和紅髮女子這種可能性。但是，不難想像，有些法例侵犯「法治」的方式則更加隱蔽（比如立法嚴禁通過法律途徑挑戰法定審裁處（statutory tribunal）的判決，2004 年《庇護和移民（原訴人等對待）議案》(the Asylum and Immigration [Treatment of Claimants etc.] Bill 2004）第 11 款的提議即是一例，後來撤銷了議案[40]）。此外，最理想的是，憲法不僅應該為防範重大錯誤提供保護，也應該為防範微小錯誤提供保

護。依據「光榮革命」遺留給我們的憲制定獻，我們有了實質性的保護措施：要求只有經過君主、上議院和下議院——他們都是有力的獨立選手——同意，立法才能成為法律。正如一名維多利亞時代國會議員兼首席大法官在 1846 年所說：「憲法把『至上權威』這一神聖存款保管在一口大箱子裏，箱上的三把鎖需由三把不同的鑰匙打開，這三把鑰匙交由三名受信託人分別託管。」[41] 談到這三名受信託人，作者接下來說的話在今天看來頗有先見之明：「經過多年奮鬥，人們終於成功阻止了其中一人擅自行事；但據說，剩下兩位之中，有一位享有特權，如果他想染指寶藏，不管理由為何，完全可以打爛其餘兩把鎖。」

　　現今，如我們所知，君主的立法作用已名存實亡。根據 1911 年《國會法案》和 1949 年《國會法案》，上議院只有相對短暫的延遲權而非否決權。人們最初設想，1911 年《國會法案》應只適用於進行重大的憲法修改，因此又利用它制定了 1914 年《愛爾蘭政府法案》(the Government of Ireland Act 1914)、1914 年《威爾斯教會法案》(the Welsh Church Act 1914) 和 1949 年《國會法案》。但近年來，人們利用 1914 年《國會法案》達成的目標 (1991 年《戰爭罪法案》[the War Crimes Act 1991]、1999 年《歐洲議會選舉法案》[the

European Parliamentary Elections Act 1999]、2000 年《性犯罪（修訂）法案 [the Sexual Offences [Amendment] Act 2000] 和 2004 年《狩獵法案》）憲法意義更少，甚至沒有。第 2 章曾提到，當時已經離職的黑爾什姆勳爵將這稱為「選舉專制」，這一說法十分有名。因此，我國的憲制定獸變得不平衡，雖然下議院大多數贊成對立法實行限制，但這項權力已經大為削弱，即使在立法將會侵犯我所定義的「法治」之時 —— 不過這是例外 —— 亦是如此。我們必須考慮這個嚴重的問題。如果我們選擇忽視，這個問題不會自行消失，反而可能導致國會和法官之間令人不快的衝突，這正是博格達諾教授所擔心的。它還可能導致憲法變得不可靠，這也不是我們想看到的。過去的 10 年或 12 年裏，我們經歷了之前數個世紀都未曾經歷過的憲法變動。重大問題（比如上議院的組成和作用以及選舉下議院成員的體系）仍然懸而未決。如果存在一些規則是任何政府，就像我提議的那樣，都不能不受法律限制而肆意侵犯的，那麼我們或許可以希望，「國會至上」及其與「法治」的關係能被視為值得思考的問題。但是，用根深蒂固的成文憲法的權威來取代「國會至上」是一項重大的憲法變動。只有在完全告知英國人民，並徵得他們同意的情況下，這才能實現。[42]

後 記

2005 年 9 月，國際律師協會理事會（the Council of the International Bar Association）通過了一項決議，稱：

> 「法治」是文明社會的基礎，其確立的透明程序可供所有人使用，並公平適用於所有人。「法治」堅持既解放又保護的原則。國際律師協會號召各國尊重此項基本原則，並號召其成員在各自社會內態度鮮明地支持「法治」。

雖然該項決議並未嘗試定義「法治」，卻羅列了「法治」的一些構成要件，包括司法機關應獨立、公正，無罪推定，所有人都有權接受公正、公開的審判而不遭到延誤。該項決議把任意逮捕、秘密審判、不經審判無限期拘留、殘忍或恥辱的對待或懲罰，以及在選舉過程中進行威脅或賄賂，都描述為「無法接受」。

這項決議之後，該協會於 2006 至 2007 年召開了 4 次關於「法治」的研討會：分別在芝加哥（Chicago）、莫斯科（Moscow）、新加坡（Singapore）和布宜諾斯艾利斯（Buenos Aires）。會議的實際成果是一本書：《法治：全球多重視角》[1]（*The Rule of Law: Perspectives from Around the Globe*），由

弗朗西斯・尼特（Francis Neate）主編。他是英國知名的訴訟律師，曾於 2005 年至 2006 年擔任國際律師協會會長，並啟發了這場積極行動。

研討會上，不同的演講者採取的方式其實有很多共性。瑞典律師協會（the Swedish Bar Association）會長安妮・拉姆貝格（Anne Ramberg）就這麼說：

> 「法治」有很多要求。它要求適當採納制定全面的法規。對形式也有要求，但還有質量門檻。法律必須正確包含社會價值，包括對人權的要求以及國際人道主義法。但即使這樣還不夠。「法治」還要求真正伸張正義。反過來，這要求有一個配備了教育良好且人品誠實的法官、起訴人和辯護律師的可靠而高質的法院體系。[2]

V・D・佐金的演講在第 7 章已經引用了一部分，他是俄羅斯聯邦憲法法院院長。

在莫斯科律師協會（the Moscow City Chamber of Advocates）會長金瑞・列茲尼克（Genry Reznik）看來，「就發展中市場和新興市場的經濟發展而言，『法治』的影響力尤為重要」。前澳洲首席大法官傑勒德・布倫南（Gerard Brennan）爵士列出了很多他所謂的「『法治』特徵」：公開頒行通過民主程序制定的法律，公開施行法律，公正執法，奉行自然公正，依照法律伸張正義，普遍執法。[3]

S·賈古瑪（S. Jayakumar）任新加坡副總理、國家安全統籌部長（Co-ordinating Minister for National Security）和律政部長（Minister for Law）。他表明了自己的觀點：

> 「法治」概念本質上體現了許多相互關聯的重要思想。首先，國家權力應受到明確限制。政府應依據既定、公認的程序，通過公開的法律執行權力。法律必須由獨立的司法機關採用和執行。其次，任何人都不能逾越法律。法律面前，人人平等。再次，個人權利必須受到保護。

在現代社會，「法治」的價值在於，**它對安邦治國至關重要**。政府必須依據既定的法律和慣例進行統治，不能恣意妄為。受政府統治者的行為和政府的行為，哪些可以接受，法律必須對此確定合法期望。法律必須平等適用於政府和公民個人，這一點很重要。[4]

國際法庭（the International Court of Justice）法官小和田恒（Hisashi Owada）先生和傑勒德·布倫南爵士一樣，羅列了「法治」的構成關鍵：在國際關係中限制國家自治權（state autonomy），法律至上，法律面前人人平等，權力分離，司法獨立，處理個人相關問題時應當遵循國際「法治」。[5]

前津巴布韋律師協會（the Law Society of Zimbabwe）主席司登福特·莫佑（Sternford Moyo）注意到，國際法學家委員會（the International Commission of Jurists）1955 年在雅

典發表的一篇有關「法治」的宣言，其中規定：

1. 國家受法律約束；

2. 政府應尊重「法治」之下的個人權利，並提供有效措施確保實現這些權利；

3. 法官應受「法治」引導，保護並施行「法治」，無所畏懼，不帶偏私，永遠保持法官的獨立性，不屈從於任何政府或政黨的侵犯；

4. 全球律師皆應維護職業的獨立性，堅持「法治」之下的個人權利，堅信所有被告均享有公平審判的權利。[6]

半個世紀之後，這些規定也無可指摘。和其他人一樣，莫佑跟着羅列了「法治」社會的特徵：法律總體清晰明確，存在一個講求合法性的氛圍，一項制定全面且能在法庭接受裁決的權利法案，獨立的司法機關，獨立的法律業界人士。[7]

這些都是美好的宏願，但沒有行動的空想是毫無結果的。行動才是最重要的。我們必須成為「行道者（doers of the word），而不單單只是聽道者（hearers of the word）」。[8] 政府的好壞取決於其是否遵循「法治」。

錫耶納市政廳（the Palazzo Pubblico in Siena）九寡頭議會室（the Hall of the Nine）保留着安布羅焦・洛倫采蒂（Ambrogio Lorenzetti）的壁畫——《善政寓言》（*Allegory of Good Government*）。一如既往，正義之神被擬化成一名女

子，向正義之秤做手勢，而正義之秤由智慧之神的化身掌持。正義的腳邊是美德之神，她也是一名女子。一名法官坐在正中，和平之神在內的其他人物則環繞四周。這幅畫兩旁的是《善政之效》（*Effects of Good Government*）和《惡政之果》（*Effects of Bad Government*）。前一幅畫中，富商生意興隆，黎民舞於街衢，鄉間良田一派豐收盛景。後一幅畫（損毀嚴重）描繪的則是暴力、疾病和腐爛的場景。是甚麼造成了良政與惡政的差別呢？

我會回答，這當然可以猜到：是「法治」。「法治」的概念並非永遠一成不變。有的國家並不全然贊同「法治」，而有的國家就算贊同，也只是名義上如此。甚至，那些贊同「法治」的人也會發現，始終履行「法治」所有的規範，非常困難。但是，在一個因國籍、種族、膚色、宗教和財富差異而存在諸多分歧的世界上，「法治」是統一人類最大的因素之一 —— 或許都不用加「之一」二字，很有可能還是我們最接近一種普世世俗宗教（universal secular religion）的位置。**「法治」在今天仍是一個理想。但為了在國內，也在整個世界上，實現良政與和平，這個理想實在值得我們為之奮鬥。**

註釋

1

1. Brian Z. Tamanaha，《論法治》（*On the Rule of Law*）

2. John Warrington 編譯，《亞里士多德的政治與雅典政制》（*Aristotle's Politics and Athenian Constitution*）

3. J. W. F. Allison，《英國憲法史》（*The English Historical Constitution*）

4. "*The Mersey Docks and Harbour Board*" *Trustees: William Gibbs and Others* (1866) LR 1 HL 93, 110

5. 見 3；談及 W. E. Hearn 的《英格蘭政府：組成和發展》（*The Government of England: Its Structure and Development*）

6. Dicey，《英憲精義》

7. 同上

8. *Gouriet v Union of Post Office Workers* [1977] QB 729, 762 中，掌卷法官（the Master of the Rolls）丹寧議員（Lord Denning）認為時任總檢察長（Attorney General）的越界行為不當，就援引了這個句子；之後上議院做出了同樣的裁決：[1978] AC 435。他似乎引用自富勒博士所著《雄辯：格言和諺語》（*Gnomologia: Adagies and Proverbs*）（1733），所引之句在該書中的編號為943。

9. 見 6

10. 我在 "Dicey Revisited" [2002] PL 39 中所持的觀點。

11. 1929 年，時任首席大法官 （Lord Chief Justice） 的休爾特 （Hewart） 勳爵完成了一部作品：《新型專制》（*The New Despotism*）（Ernest Benn）。作品中明顯展現了這一點。休爾特認為，大臣和官僚正在行使着無需負責的權力，這同戴熹的思想相悖。

12. Bingham, "Dicey Revisited" [2002] PL 39

13. Joseph Raz，《法律的權威：論法律和道德》中的《法治及其美德》（"The Rule of Law and its Virtue," *The Authority of Law: Essays on Law and Morality*）

14. John Finnis，《自然法和天賦人權》（*Natural Law and Natural Rights*）

15. Judith Shklar，《法治：理想還是意識形態》中的《政治理論和法治》（"Political Theory and the Rule of Law," *The Rule of Law: Ideal or Ideology*）

16. Thomas Carothers，卡內基國際和平基金會法治系列第 34 篇，《推進海外法治》（"Promoting the Rule of Law Abroad," Carnegie Endowment for International Peace, Rule of Law Series, No. 34）

17. 531 US 98 (2000)

18. Jeremy Waldron，《法治和分權》中的《(在佛羅里達)「法治」是本質上飽受爭議的概念？》（"Is the Rule of Law an Essentially Contested Concept (in Florida)?," *The Rule of Law and Separation of Powers*）

19. 見 1

20. 近期案例請參閱 *R v Horseferry Road Magistrates' Court, ex p. Bennett* [1994] AC 42, 62, 64, 67, 75, 76, 77 和 *A v Secretary of State for the Home Department* [2005] 2 AC 68, [2004] UKHL 56

21. *R v Secretary of State for the Home Department, ex p. Pierson* [1998] AC 539, 591

22. *R (Alconbury Developments Ltd. and Others) v Secretary of State for*

the Environment, Transport and the Regions [2001] UKHL 23, [2003] 2 AC 295, [2001] UKHL 23

23. *R (Corner House Research and another) v Director of the Serious Fraud Office (JUSTICE intervening)* [2008] UKHL 60, [2009] 1 AC 756）

24. John Locke，《政府論下篇》（*Second Treatise of Government*）

25. Tom Paine，《常識》（*Common Sense*）

26. Piero Calamandrei，《法官的讚歌》（*A Eulogy of Judges*）

2

1. Sir W. Holdsworth，《英國法律史》（*A History of English Law*）

2. J. C. Holt，《〈大憲章〉和中世紀政府》（*Magna Carta and Medieval Government*）

3. W. S. McKechnie，《大憲章》（*Magna Carta*）

4. 見 2

5. 見 3

6. 見 2

7. Ernest Renan 引自 E. J. Hobsbawn 的《1780 年以來的國家和民族主義：程序，虛構和現實》（*Nations and Nationalism Since 1780: Programme, Myth, Reality*）

8. David V. Stivison，《〈大憲章〉在美國》中的《美國法律中的〈大憲章〉》（"Magna Carta in American Law," *Magna Carta in America*）

9. 我的總結基於 R. J. Sharpe 在《人身保護令法》（*The Law of Habeas Corpus*）中頗有裨益的敘述

10. 見 1

11. 見 1

12. *Bushell's Case* (1670) Vaughan 135, 136

13. 部分相關歷史以及大量相關參考資料可在上議院關於 *A v Secretary of State for the Home Department (No. 2)* [2005] UKHL 71, [2006] 2 AC 221 的裁決意見中找到。

14. D. Jardine,《英聯邦前英格蘭刑法中的酷刑應用一讀》(*A Reading on the Use of Torture in the Criminal Law of England Previously to the Commonwealth*)

15. 見 13 中的 A (*No. 2*)

16. 見 J. A. Guy,《史學雜誌》中的《權力請願書起源再考》(The Origins of the Petition of Right Reconsidered, *Historical Journal*) 和《權力請願書起源三考》(The Origins of the Petition of Right Reconsidered Further);Mark Kishlansky,《史學雜誌》中的《拒絕專制:查理一世、總檢察長西斯和「五騎士」案》(Tyranny Denied: Charles I, Attorney General Heath, and the "Five Knights" Cases)

17.《1621–1629 年的國會和英國政治》(*Parliaments and English Politics 1621–1629*)

18. 見 Robert C. Johnson 等編的《1628 年下議院辯論》(*Common Debates 1628*)

19. 同上

20. 見 17

21. Elizabeth Read Foster,《亨廷頓圖書館季刊》中的《印製權力請願書》("Printing the Petition of Right," *Huntington Library Quarterly*)

22. 在很多地方可以看到請願書的文本,比如 J. P. Kenyon 的《1603–1688 年斯圖爾特憲法》)(*The Stuart Constitution 1603–1688*)

23. *Clarendon* (1688) 6 St Tr 291, 291, 330, 396

24. G. Burnet，《我這個時代的歷史》（*History of My Own Time*）

25. 見 1

26. David Lewis Jones，《光榮革命的國會史》（*A Parliamentary History of the Glorious Revolution*）

27. 同上

28. 見 1

29. 《權利法案》

30. 同上

31. 同上

32. 同上

33. 同上

34. 同上

35. 見 1

36. 見 29

37. 同上

38. 同上

39. 同上

40. 見 26

41. 同上

42. 1701 年《王位繼承法》

43. Robert Stevens，《牛津大學英聯邦法律雜誌》中的《王位繼承法和司法獨立的可疑歷史》（"Act of Settlement and the Questionable History of Judicial Independence," *Oxford University Commonwealth Law Journal*）

44. 見 1

45. 見 43

46. James Boswell，《約翰遜傳記》（*Life of Johnson*）

47. 原話見於 Richard Henry Lee 於 1787 年 10 月 5 日寫給 Samuel Adams 的一封信：見 Richard Labinski，《詹姆斯・麥迪遜及對〈人權法案〉的爭取》（*James Madison and the Struggle for the Bill of Rights*）

48. 在《一隻麻雀的飛行》（*A Sparrow's Flight*），黑爾什姆員宣稱其首創了 "unflappable"（意為臨危不亂，曾於 1958 年用來描繪哈羅德・麥克米倫 [Harold Macmillan]，並為人所知）、"lunatic fringe"（意為極端分子）以及文中這一説法。

49. Bernard Bailyn，《關於憲法的辯論》（*The Debate on the Constitution*）

50. 同上

51. 見 Richard Labinski，《詹姆斯・麥迪遜及對〈人權法案〉的爭取》

52. Coleman Phillipson，《國際法與古希臘古羅馬慣例》（*The International Law and Custom of Ancient Greece and Rome*）

53. Maurice Keen，《中世紀晚期的戰爭法》（*The Law of War in the Later Middle Ages*）

54. Juliet Barker，《阿讓庫爾》（*Agincourt*）

55. 在牛津大學擔任欽定民法教授（Regius Professor of Civil Law）時，他發表了其最重要的著作：《戰爭法》（*De Jure Belli*）

56. 《戰爭與和平法》（*De Jure Belli et Pacis*）

57. Adam Roberts 和 Richard Guelff 編，《戰爭法文獻》（*Documents on the Laws of War*）

58. 1986 年，由日內瓦國際紅十字會重新發行。

59. 該公約為 1949 年日內瓦四公約中的第一份公約取代，後者在十條款初始版本的基礎上大幅擴展而成。

60. Caroline Moorehead，《鄧南的夢想：戰爭、瑞士與紅十字會史》（*Dunant's Dream: War, Switzerland and the History of the Red Cross*）

61. 見 57

62. 同上

63. 同上

64. 同上

65. 同上

66. 白俄羅斯、捷克斯洛伐克、波蘭、烏克蘭、蘇聯、南斯拉夫、南非和沙特阿拉伯

67. Mary Ann Glendon，《創建新世界》(*A World Made New*)；Gérard Israël，《勒內・卡森》(*René Cassin*)

68. Gillian D. Triggs，《國際法：當代原則及慣例》(*International Law: Contemporary Principles and Practices*)

69. Mary Ann Glendon，《創建新世界》

70. 同上

71. 同上。有趣的是，漢弗萊和卡森當時都希望《世界人權宣言》能包含一份有關義務的聲明：同上。

72. 本章部分基於一場講座：《領導在『法治』的創造及維護中的角色》(The Role of Leadership in the Creation and Maintenance of the Rule of Law)。2007 年 2 月 21 日，為慶祝詹姆斯敦建城 (the Settlement at Jamestown)400 周年，我在中殿律師學院大廳 (the Middle Temple Hall) 開了這場講座。

3

1. *Hamilton v Mendes* (1761) 2 Burr 1198, 1214

2. *Vallejo v Wheeler* (1774) 1 Cowp 143, 153

3. 2008 年 8 月 13 日《經濟學家》中的《經濟學和法治：叢林秩序》("Economics and The Rule of Law: Order in the Jungle," *The*

Economist）。英國電信全球服務部總顧問兼商業總監 Tim Cowen 在《「遲到的正義即非正義」：法治、經濟發展和歐洲共同體法院的未來》（"Justice Delayed is Justice Denied": The Rule of Law, Economic Development and the Future of the European Community Courts）一文中加以引用。這篇論文是為 2008 年 7 月在越南舉行的有關「法治」的世界正義論壇（World Justice Forum）所準備的。

4. *Black-Clawson International Ltd. v Papierwerke Waldhof-Aschaffenburg AG* [1975] AC 591, 638 D

5. *Fothergill v Monarch Airlines Ltd.* [1981] AC 251, 279 G

6. *Sunday Times v United Kingdom* (1979) 2 EHRR 245, 271

7. Murray Gleeson 2001 年 11 月 7 日墨爾本大學法治系列講座，《法庭和法治》（"Courts and the Rule of Law," the Rule of Law Series, Melbourne University）

8. Hansard, H.C., 11 July 2007, col. 1455

9. Anthony King，《英國憲法》（*The British Constitution*）第 176 頁提及漢薩德學會委員會（the Hansard Society Commission）有關立法程序的一份報告：《制定法律》（*Making the Law*）

10. *R v Lang* [2005] EWCA Crim 2864, [2006] 1 WLR 2509

11. *R (Crown Prosecution Service) v South East Surrey Youth Court* [2005] EWHC 2929 (Admin), [2006] 1 WLR 2543

12. 《立法準備之倫頓報告》（The Renton Report on the Preparation of Legislation）

13. 《刑事案件審查委員會年度報告及敍述》（Criminal Cases Review Commission, Annual Report and Accounts）

14. *R v Chambers* [2008] EWCA Crim 2467

15. 同上

16. 2008 年 11 月 3 日，《衛報》中的《對法律無知的卡夫卡式藉口》
（A Kafkaesque Excuse for Ignorance of the Law）

17. Edward Hondius，《法律的理性與無理》（Sense and Nonsense in the Law），此乃其於 2007 年 11 月 8 日接受歐洲私法教席時發表的就職演說。

18. *Harrow London Borough Council v Qazi* [2003] UKHL 43, [2004] 1 AC 983；*Kay and others v Lambeth London Borough Council*, Leeds City Council v Price [2006] UKHL 10, [2006] 2 AC 465；*Doherty and others v Birmingham City Council* [2008] UKHL 57, [2008] 3 WLR 636

19. 1981 年《最高法院法》（the Supreme Court Act 1981）

20. 劍橋大學彼得豪斯（Peterhouse）學院的 Dr Roderick Munday

21. 類似情況首次出現在 *R v Forbes* [2001] 1 AC 473，但在此之前早有單個先例，即 30 年前的 *Heaton's Transport (St Helens) Ltd. v Transport and General Workers Union* [1973] AC 15, 94。

22. *R v Withers* [1975] AC 842, 854, 860, 863, 867, 877 和 *R v Remmington* [2005] UKHL 63, [2006] 1 AC 459

23. 現已載入《歐洲人權公約》第 7 條

24. J. D. Heydon，《象限》中的《司法激進與法治之死》（"Judicial Activism and the Death of the Rule of Law," *Quadrant*）

25. *Algemene Transport-en-Expeditie Onderneming van Gend en Loos NV v Nederlandse Belastingadministratie* [1963] ECR 1；*Costa v ENEL* [1964] ECR 585

26. 《歐洲聯盟條約》第 234 條（Treaty of European Union, article 234）

27. 本章部分基於一場名為《何為法律？》（What is the Law?）的講座，於 2008 年 12 月 4 日在新西蘭惠靈頓（Wellington, New

Zealand）舉辦，以紀念顧安國勳爵（Lord Cooke of Thorndon）。

4

1. Lord Hewart，《新型專制》
2. *Vestey v Inland Revenue Commissioners* [1979] Ch 177, 197
3. *Scott v Scott* [1913] AC 417, 477
4. *D v National Society for the Prevention of Cruelty to Children* [1978] AC 171, 239 G

5

1. 《加拉太書》（*Epistle to the Galatians*, 3:28），引自英王欽定版（the Authorized [King James] Version of the Bible）
2. 《使徒行傳》（Acts of the Apostles, 16:22-40; 22:24-30; 25:10-12）
3. Thomas Rainborough，《克拉克文件》（*The Clarke Papers*）
4. *Somerset v Stewart* (1772) Lofft 1, 20 ST 1
5. F. Shyllon，《英國的黑奴》（*Black Slaves in Britain*）；P. Fryer，《長存不衰：英國黑奴史》（*Staying Power: The History of Black People in Britain*）；J. Oldman，《英國研究雜誌》中的《曼斯菲爾德及奴隸制的新啟示》（"New Light on Mansfield and Slavery," *Journal of British Studies*）；E. Fiddes，《法律評論季刊》中的《曼斯菲爾德勳爵和薩默塞特案》（"Lord Mansfield and the Sommersett Case", *Law Quarterly Review*）；W. Wiecek，《芝加哥大學法律評論》中的《薩默塞特案：曼斯菲爾德勳爵及盎格魯—美利堅世界的奴隸制度合法性》（Somerset: Lord Mansfield and the Legitimacy of Slavery in the Anglo-American World, *University of Chicago Law*

Review）；A. Samuel，《法律評論季刊》中的《曼斯菲爾德勳爵到底說了甚麼？》（"What Did Lord Mansfield Actually Say?"）

6. Tom Bingham，2003 年埃塞克斯大學克里夫・強斯講座，《「法律偏愛自由」：奴隸制和英國普通法》（"'The Law Favours Liberty': Slavery and the English Common Law," University of Essex and Clifford Chance Lecture, 2003）

7. *Cartright's case*

8. A. T. Denning，《法律保障下的自由》（*Freedom Under the Law*）；《法律中的里程碑》（*Landmarks in the Law*）。丹寧勳爵依據的是坎貝爾勳爵所著《英格蘭首席法官們的生活》（*Lives of the Chief Justices of England*），但是引用錯誤。

9. F. Shyllon，《英國的黑奴》；*Somerset v Stewart*

10. 這則詞條由 Ruth Paley 編寫。

11. 《1928 年人民代表（平等選舉權）法》（the Representation of the People [Equal Franchise] Act 1928）

12. *R v Secretary of State for the Home Department, ex p. Khawaja* [1984] AC 74

13. *A v Secretary of State for the Home Department* [2004] UKHL 56, [2005] 2 AC 68

14. 同上，引用自《反恐力量：在開放社會調和安全與自由》（Counter-Terrorism Powers: Reconciling Security and Liberty in an Open Society）

15. David Cole，《敵僑》（*Enemy Aliens*）

16. *Railway Express Agency Inc. v New York* 336 US 106

6

1.　David Blunkett，《布倫基特錄》（*The Blunkett Tapes*）

2.　*Holgate-Mohammed v Duke* [1984] AC 437, 443 D

3.　*R v Derbyshire County Council, ex p. Times Supplements Ltd.* (1991) 3 Admin LR 241, 253 A

4.　*R v Secretary of State for the Environment, ex p. Hammersmith and Fulham London Borough Council* [1991] 1 AC 521, 598 D-G

5.　*R v Secretary of State for the Home Department, ex p. Pierson* [1998] AC 539, 591 E

6.　*Padfield v Minister of Agriculture, Fisheries and Food* [1968] AC 997, 1030 B-D

7.　*R v Tower Hamlets London Borough Council, ex p. Chetnik Developments Ltd.* [1998] AC 858, 872

8.　*Porter v Magill* [2001] UKHL 67, [2002] EWHC 886 (Admin)

9.　*R (Smeaton) v Secretary of State for Health* [2002] EWHC 886 (Admin), [2002] 2 FHR 146

10.　*Nottinghamshire County Council v Secretary of State for the Environment* [1986] AC 240, 247 G

11.　*Secretary of State for Education and Science v Tameside Metropolitan Borough Council* [1977] AC 1014, 1064 E

12.　*In re W (An Infant)* [1971] AC 682, 700 D-E

13.　*Boddington v British Transport Police* [1999] 2 AC 143, 175 H

14.　比如，*R (A) v Liverpool City Council* [2007] EWHC 1477 (Admin) 和 *R v Secretary of State for the Home Department, ex p. Freeman* 2 June 1998

15.　Lord Halisman of St Marylebone，《再探哈姆林：今日的英國法

制》（*Hamlyn Revisited: The British Legal System Today*）

7

1. Paul Craig，"Formal and Substantive Conceptions of the Rule of Law: An Analytical Framework," [1997] PL 467, 473-4

2. 見第 1 章 13

3. 見第 3 章 3

4. Geoffrey Marshall，《20 世紀的英國憲法》中的《憲法：理論與闡釋》（"The Constitution: Its Theory and Interpretation," *The British Constitution in the Twentieth Century*）

5. *Engel v The Netherlands* (*No. 1*) (1976) 1 EHRR 647, 672。見 *Golder v United Kingdom* (1975) 1 EHRR 524, 589

6. 見 *Commission Communication to the Council and Parliament*, 12 March 1998, COM (98) 146

7. Human Rights Committee, General Comment 14, (1994) 1 IHRR 15-16

8. 在 *R (Middleton) v West Somerset Coroner* [2004] UKHL 10, [2004] 2 AC 182 中，上議院總結了歐洲的判例法。

9. 同上

10. *R (Amin) v Secretary of State for the Home Department* [2003] UKHL 51, [2004] 1 AC 653

11. *Pratt v Attorney-General for Jamaica* [1994] 2 AC 1, 此案違背了 *Riley v Attorney-General of Jamaica* [1983] 1 AC 719

12. *Ireland v United Kingdom* (1978) 2 EHRR 25

13. *Selmouni v France* (1999) 29 EHRR 403 和 *A v Secretary of State for the Home Department* (*No. 2*) [2005] UKHL 71, [2006] 2 AC 221

14. *Napier v Scottish Ministers* [2005] 1 SC 229

15. *R v Secretary of State for the Home Department, ex p. Cheblak* [1991] 1 WLR 890, 894

16. 見第 5 章 13

17. *Secretary of State for the Home Department v JJ and others* [2007] UKHL 45, [2008] 1 AC 385

18. *R (Gillan) v Commissioner of Police of the Metropolis* [2006] UKHL 12, [2006] 2 AC 307

19. *Austin v Commissioner of the Police of the Metropolis* [2007] EWCA Civ 989, [2008] QB 660, [2009] UKHL 5, [2009] 1 AC 564; R. Clayton 和 H. Tomlinson,《人權之法》(*The Law of Human Rights*)

20. 22 Henry 8

21. *Handyside v United Kingdom* (1976) 1 EHRR 737 和 *Silver v United Kingdom* (1983) 5 EHRR 347

22. *Institutes: Commentary upon Littleton, Third Institute* (1628)

23. 上議院,日期不明。Brougham,《喬治三世時期的政客》(*Statesmen in the Time of George III*, First Series [1845])

24. Harry Snook,《跨過門檻:國家進入你家的 266 種方法》(*Crossing the Threshold: 266 Ways the State Can Enter Your Home*)

25. *Malone v Metropolitan Police Commissioner* [1979] Ch 344; *Malone v United Kingdom* (1984) 7 EHRR 14; 1985 年《通訊監聽法案》(the Interception of Communications Act 1985)

26. *Wainwright v Home Office* [2003] UKHL 53, [2004] 2 AC 406。此案發生在《公約》制定之前,歐洲法庭判定,原訴人違背了《公約》第 8 條規定 :*Wainwright v United Kingdom* (2007) 47 EHRR 40

27. *R (Daly) v Secretary of State for the Home Department* [2001] UKHL 26, [2001] 2 AC 532

28. *R (Razgar) v Secretary of State for the Home Department* [2004] UKHL 27, [2004] 2 AC 368

29. 1976 年《摩托車事故頭盔（宗教豁免）法》(the Motor-Cycle Crash Helmets [Religious Exemption] Act 1976)，此法在 1988 年《道路交通法》(the Road Traffic Act 1988) 及 1980 年《摩托車（保護頭盔）條例》(the Motor-Cycle [Protective Helmets] Regulations 1980) 中重新實行；1989 年《僱傭法》(the Employment Act 1989)

30. *R v William* (1979) 1 Cr App R (S) 5；*R v Dandi and Daniels* (1982) 4 Cr App R (S) 306

31. *R (Williamson) v Secretary of State for Education and Employment* [2005] UKHL 15, [2005] 2 AC 246

32. *R (SB) v Governors of Denbigh High School* [2006] UKHL 15, [2007] 1 AC 100

33. *McCartan Turkington Breen v Times Newspapers Ltd.* [2001] 2 AC 277

34. *Sunday Times v United Kingdom* (1979) 2 EHRR 245，此案否決了上議院的裁決。如果 *Harman v United Kingdom* (1984) 38 DR 53 申請未能解決，上議院大多數成員有關 *Harman v Secretary of State for the Home Department* [1983] 1 AC 280 的裁決似乎也會遭到否決。

35. *Tolstoy Miloslavsky v United Kingdom* (1995) 20 EHRR 442

36. *Young, James and Webster v United Kingdom* (1981) 4 EHRR 38

37. 見 17

38. *R (Baiai and another) v Secretary of State for the Home Department (Nos. 1 and 2) (Joint Council for the Welfare of Immigrants and another intervening)* [2008] UKHL 53, [2009] 1 AC 287

39. *Rasmussen v Denmark* (1984) 7 EHRR 371; *James v United Kingdom*

(1986) 8 EHRR 123

40. *Kjeldsen, Busk Madsen and Pederson v Denmark* (1976) 1 EHRR 711; *R (Clift) v Secretary of State for the Home Department* [2006] UKHL 54, [2007] 1 AC 484

41. 見 Clayton 和 Tomlinson 的《人權法》(*Law of Human Rights*)

42. *Belgian Linguistic* Case (No. 2) (1968) 1 EHRR 252

43. *Kjeldsen, Busk Madsen and Pederson v Denmark*

44. *Valsamis v Greece* (1996) 24 EHRR 294

45. *Campbell and Cosans v United Kingdom* (1982) 4 EHRR 293

46. 見 2009 年 4 月 11 日《衛報》

8

1. John Cook,《必要者：或，可憐人的案子》(*Unum Necessarium: or, the Poore Man's Case*)；Christopher Hill 的《自由對法律》(*Liberty Against the Law*) 引用了這段話

2. E. J. Cohn,《法律評論季刊》中的《針對窮人的法律援助：比較法和法律改革研究》(Legal Aid for the Poor: A Study in Comparative Law and Legal Reform)

3. R. Egerton,《法律評論季刊》中的《法律援助的歷史層面》(Historical Aspects of Legal Aid)

4. 此段歷史的概要見我的「湯恩比館法律諮詢中心成立 100 周年講座」(Lecture at Toynbee Hall on the Centenary of its Legal Advice Centre)，刊於《審判行業》(*The Business of Judging*)

5. 見 2

6. 引用自 Tim Cowen 的《「遲到的正義即非正義」：法治、經濟發展和歐洲共同體法院的未來》

7. 《哈姆雷特》(*Hamlet*, Act 3, scene 1, l. 72)

8. 見《牛津國家人物傳記大詞典》的 "John Scott" 詞條，由 E. A. Smith 編寫

9. *Darnell v United Kingdom* (1993) 18 EHRR 205，該案為不公解僱提出索賠，其訴訟程序持續了將近九年。*Robins v United Kingdom* (1997) 27 EHRR 527 案則花費了四年來解決費用爭端。

10. 見 6

11. 同上

12. 同上

9

1. 見第 9 章 5

2. T. Goriely，《刑事審判的權利：法律援助、律師和自由的捍衛》中的《英格蘭及威爾士刑事法律援助演變》("The Development of Criminal Legal Aid in England and Wales," *Access to Criminal Justice: Legal Aid, Lawyers and the Defence of Liberty*)

3. 1904 年出版，第一卷第四章

4. 見第 8 章 4

5. 見第 1 章 11

6. 同上

7. 我的《審判行業》中的《司法倫理》(Judicial Ethics)；D.Edwards，《加利福尼亞法律評論》中的《聯邦體系中的司法不端和政治：修正〈司法委員會法〉的提案》("Judicial Misconduct and Politics in the Federal System: A Proposal for Revising the Judicial Councils Act," *California Law Review*)

8. Philip Ayres，《歐文・狄克森》(*Owen Dixon*)，引用自《悉尼晨

曦來臨》（*the Sydney Morning Herald*）中新南威爾士副總檢察長（the Solicitor General for New South Wales）的話。

9. Anthony Lewis 在 2007 年 12 月 20 日《紐約書評》（*New York Review of Books*）中對 Jeffrey Toobin 所著《九人：美國最高法院風雲》（*The Nine: Inside the Secret World of the Supreme Court*）的評論。

10. *Brown v Board of Education of Topeka et al.* 347 US 483 (1954)

11. Stephen Ambrose，《艾森豪威爾總統》（*Eisenhower the President*）

12. 同上

13. *Davidson v Scottish Ministers* [2005] SC (HL) 7

14. *R v Bentley, decd.* [2001] 1 Cr App R 307, 334

15. *R v Horseferry Road Magistrates' Court, ex p. Bennett* [1994] 1 AC 42, 68。*Attorney General's Reference* (*No. 2 of 2001*) [2003] UKHL 68, [2004] 2 AC 72, 85 亦有重提

16. *Brown v Scott* [2003] 1 AC 681, 719

17. 《歐洲公約》第 6 條第 (3) 款（Article 6[3] of the European Convention）

18. *R v Hayward* [2001] EWCA Crim 168, [2001] QB 862；*R v Jones (Anthony)* [2002] UKHL 5, [2003] 1 AC 1

19. 2008 年 9 月 8 日《衛報》

20. 此番結論基於上議院有關 *R v H* [2004] UKHL 3, [2004] 2 AC 134 的判決

21. *R v Davis* [2008] UKHL 36, [2008] AC 1128

22. 總體而言，此乃受《民事訴訟規則》第 31 編第 6 條（Part 31.6 of the Civil Procedure Rules）影響的結果

23. *Ventouris v Mountain* [1991] 3 All ER 472, 475

24. Paul Matthews 與皇家大律師 Hodge Malek 合著《披露》

(*Disclosure*）一書對當今程序做了極好的概括。

25. 見第 4 章 4

26. *R (Roberts) v Parole Board* [2005] UKHL 45, [2005] 2 AC 738

27. *In re K (Infants)* [1965] AC 201, 237

28. *In re D (Minors) (Adoption Reports: Confidentiality)* [1996] AC 593, 603

29. 見 26

30. 同上

31. 同上

32. 同上

33. 同上

34. 同上

35. 同上

36. 同上

37. 2005 年《預防恐怖主義法案》（the Prevention of Terrorism Act 2005）

38. *Secretary of State for the Home Department v MB* [2006] HRLR 878, [2007] QB 415, [2007] UKHL 46, [2008] 1 AC 440

39. *Secretary of State for the Home Department v AF* [2007] EWHC 651 (Admin), [2007] UKHL 46, [2008] 1 AC 440

40. *M v Secretary of State for the Home Department* [2004] EWCA Civ 324, [2004] 2 All ER 863; 見 38 和 39

41. 見 20 的 *R v H*

42. 見 40 和 26

43. *Secretary of State for the Home Department (Respondent) v AF (Appellant) and another (Appellant) and one other action (No. 3)*

[2009] UKHL 28

44. 本章部分基於 2008 年 11 月 4 日向憲法和行政律師協會（the Constitutional and Administrative Bar Association）所做的一場講座，《公平審判》（A Fair Trial）。

10

1. 《大臣守則》（the Ministerial Code）

2. S/2004/16, 2004 年 8 月 23 日

3. W. Bishop，《密歇根法律評論》中的《國際法治》（"The International Rule of Law," *Michigan Law Review*）

4. Charles Rhyner，1959 年 3 月 27 日「波士頓會議：通過法律推動世界和平」（Boston Conference on World Peace through Law）的開幕詞

5. Simon Chesterman，《美國比較法雜誌》中的《國際法治？》（"An International Rule of Law?" *American Journal of Comparative Law*）

6. 千禧年宣言（Millennium Declaration）

7. 我遵循的是《國際法庭規約》第 38 條規定（Article 38 of the Statute of the International Court of Justice）。

8. 《國際法》（*International Law*）

9. 同上

10. 同上

11. 同上

12. 同上

13. Douglas Hurd，《尋找和平》（*The Search for Peace*）

14. 見 *King's Prosecutor, Brussels, Office of the v Cando Armas* [2005]

UKHL 67；*Dabas v High Court of Justice in Madrid, Spain* [2007] UKHL 6, [2007] 2 AC 31；*Pilecki v Circuit Court of Legnica, Poland* [2008] UKHL 7, [2008] 1 WLR 325；*Caldarelli v Judge for Preliminary Investigations of the Court of Naples, Italy* [2008] UKHL 51, [2008] 1 WLR 1724

15. 見 5

16. *Golder v United Kingdom* (1975) 1 EHRR 524

17. 2008 年 3 月 28 日，關於國內法庭的國際法問題第一次學術研討會（the first International Law in Domestic Courts colloquium）在海牙舉行，此處援引自 Mark Villiger 法官基於其在會上的發言貢獻所做之論文。

18. *Ukraine-Tyumen v Ukraine*, 2007 年 11 月 22 日

19. *Erich Stauder v City of Ulm-Sozialamt* [1969] ECR 419

20. Antonio Tizzano，《歐盟法的延續與變化：紀念弗朗西斯・雅各布爵士散文集》中的《歐洲法院在基本權利保障中的角色》（"The Rule of the ECJ in the Protection of Fundamental Rights," *Continuity and Change in EU Law: Essays in Honour of Sir Francis Jacobs*）

21. 同上

22. [1977] QB 529

23. [1983] AC 244

24. 2008 年 6 月 27 日堪培拉舉行的第一期邁克・科比國際法講座，《1996-2008 年間澳洲參議院及高等法院內的國際法：比較研究》（"International Law in the House of Lords and the High Court of Australia 1996-2008: A Comparison," The First Michael Kirby Lecture in International Law, Canberra）

25. [1992] 2 AC 629

26. [2006] UKHL 46, [2007] 1 AC 412

27. *Adan v Secretary of State for the Home Department* [1999] 1 AC 293; *Horvath v Secretary of State for the Home Department* [2001] 1 AC 489;

28. 見第 5 章 13

29. *R (Al-Jedda) v Secretary of State for Defence (JUSTICE Intervening)* [2007] UKHL 58, [2008] 1 AC 332

30. *Minister for Immigration and Ethnic Affairs v Teoh* (1995) 183 CLR 273; *R (European Roma Rights Centre) v Immigration Officer at Prague Airport (UNHCR intervening)* [2004] UKHL 55, [2005] 2 AC 1; *R v Asfaw (UNHCR intervening)* [2008] UKHL 31, [2008] AC 1061; *Re Minister for Immigration and Multicultural Affairs, ex p. Lam* (2003) 214 CLR 1

31. 該書第一章

32. 《創造和平與再創造戰爭》(*The Invention of Peace and the Reinvention of War*)

33. 第 24 條第 1 款

34. R. Peerenboom,《喬治敦國際法期刊》中的《人權和法治:兩者關係為何?》("Human Rights and the Rule of Law: What's the Relationship?," *Georgetown Journal of International Law*)

35. Philippe Sands,《無法之世》(*Lawless World*)

36. Mark Danner,《戰爭的秘密途徑》(*The Secret Way to War*)

37. 同上;致首相建議,《伊拉克:1441 號決議》(Advice to the Prime Minister, "Iraq: Resolution 1441")

38. Sir Michael Wood,2006 年赫什·勞特派特紀念講座 (Hersch Lauterpacht Memorial Lecture 2006) 第三場,《安理會和武力使用》(The Security Council and the Use of Force)

39. 《美國和平與法律》(The pax Americana and the Law),首次發表

於 2004 年的《公正》（*JUSTICE*），內容經擴充後於 2007 年再次出版。在口頭演講時他使用了「可笑」（risible）一詞，之後則加以更改。

40. 見 35

41. Lowe，《國際法》（*International Law*）

42. Vaughan Lowe，《奧地利國際與歐洲法評論》中的《國際法律體系的本質正在改變？——應答》（"Is the Nature of the International Legal System Changing?—A Response," *Australian Review of International and European Law*）

43. 在同我的交流中，他們表達了自己的觀點。

44. 1907 年《海牙法規》第 43 條（Article 43 of the 1907 Hague Regulations）

45. 同上

46. Professor Sir Adam Roberts 曾撰文對該話題進行了極具價值的討論：《改造性軍事佔領：運用戰爭法與人權》，刊於《美國國際法期刊》（"Transformative Military Occupation: Applying the Laws of War and Human Rights," *American Journal of International Law*）

47. *R (Al-Skeini and others) v Secretary of State for Defence (The Redress Trust and others intervening)* [2007] UKHL 26, [2008] 1 AC 153

48. 參見 2002 年 1 月 9 日 John Yoo 和 Robert Delabunty 呈交給 William Haynes 的書面意見；2002 年 1 月 22 日 Jay Bybee 呈交給 Alberto Gonzales 與 William Haynes 的書面意見；2002 年 1 月 25 日 Alberto Gonzales 呈交給總統 George W. Bush 的書面意見；2002 年 2 月 7 日總統致副總統等諸人的書面意見：Karen Greenberg 和 Joshua Dratel 合編的《酷刑文件：通往阿布賈里布監獄之路》（*The Torture Papers: The Road to Abu Ghraib*）。Professor Philippe Sands 考察了關於「增強審訊手段」（enhanced interrogation techniques）的政府政策發展：《酷刑團隊：欺騙、

殘忍與法律的妥協》(*Torture Team: Deception, Cruelty and the Compromise of Law*)

49. 2002 年 8 月 1 日 Jay Bybee 呈交給 Alberto Gonzales 的書面意見（主要由 John Yoo 起草）；Karen Greenberg 和 Joshua Dratel 合編的《酷刑文件》；Jane Mayer，《陰暗面》(*The Dark Side*)

50. Karen Greenberg 和 Joshua Dratel 合編的《酷刑文件》；《紅十字國際委員會關於中情局拘禁之 14 名「高價值囚犯」處置報告》(the ICRC Report on the Treatment of Fourteen "High Value Detainees" in CIA Custody)

51. Karen Greenberg 和 Joshua Dratel 合編的《酷刑文件》

52. 同上

53. 同上

54. 2002 年 8 月 1 日 John Yoo 呈交給 Alberto Gonzales 的書面意見，引用同上

55. 《法治：一些懷疑》(The Rule of Law: Some Sceptical Thoughts)，2007 年 10 月 16 日

56. 《國際法和比較法季刊》中的《1956 年蘇伊士運河危機中的武裝干涉：給英政府的法律建議》("Armed Intervention in the 1956 Suez Canal Crisis: The Legal Advice Tendered to the British Government," *International and Comparative Law Quarterly*)

57. 本章緊密承接着一場格老秀斯講座的內容，《國際秩序中的法治》(The Rule of Law in the International Order)，該講座舉辦於 2008 年 11 月 17 日，以紀念英國國際法和比較法學會 (the British Institute of International and Comparative Law)成立 50 周年。

11

1. William J. Brennan, Jr.，《以色列人權年鑒》中的《在安全危機時代尋求法律體系發展》（"The Quest to Develop a Jurisprudence in Times of Security Crises," *Israel Yearbook of Human Rights*）

2. 見第 7 章 12

3. 2003 年 2 月 10 日，《致對外關係委員會的演講》（Speech to the Council on Foreign Relations）

4. *Bell v Maryland* 378 US 226, 346 (1964)

5. Arthur Chaskalson，《劍橋法律評論》中的《漸寬的漩渦：反恐、人權和法治》（"The Widening Gyre: Counter-Terrorism, Human Rights and the Rule of Law," *Cambridge Law Review*）

6. 見 K. J. Greenberg，《國家》中的《秘密與謊言》（"Secrets and Lies," *Nation*）

7. John F. Murphy，《美國與國際事務中的法治》（*The United States and the Rule of Law in International Affairs*）

8. David Bonner，《行政措施、恐怖主義與國家安全：遊戲規則已經改變？》（*Executive Measures, Terrorism and National Security: Have the Rules of the Game Changed?*）

9. 2007 年 5 月 27 日《星期日泰晤士報》中的《貝理雅：為反恐戰爭所縛》（"Blair: Shackled in War on Terror," *Sunny Times*）

10. 見 Phillip Bobbitt，《恐怖與贊同：21 世紀之戰》（*Terror and Consent: The Wars for the Twenty-First Century*）

11. John Selden，《閒談》（*Table Talk*）；見 John Grey，《律師的拉丁語》（*Lawyer's Latin*）

12. 引自 A. C. Grayling 的《走向光明》（*Towards the Light*）

13. Conor Gearty，牛津大赦講座，《反恐時期的人權》（"Human

Rights in an Age of Counter-Terrorism," Oxford Amnesty Lecture）

14. 2008 年 6 月 12 日《紐約書評》

15. 此道美國總統軍事命令（US PMO）名為《反恐戰爭中對部分非本國公民的拘禁、處置及審訊》（Detention, Treatment, and Trial of Certain Non-Citizens in the War Against Terrorism）

16. 見《情報和安全委員會關於「引渡」的報告》（the Intelligence and Security Committee Report on *Rendition* [Cm. 7171, July 2007]）

17. *R v Horseferry Road Magistrates' Court, ex p. Bennett* [1994] 1 AC 42

18. *R v Mullen* [2000] QB 520

19. 見 *United States v Alvarez-Machain* 504 US 605 (1992)

20. 見 16

21.《總統決策指令 39 號：反恐政策》（Presidential Decision Directive 39, "Counterterrorism Policy"），1995 年 6 月 21 日

22. 見 16

23. 見 5；David Cole 和 Jules Lobel，《更不安全，更不自由：為何美國的反恐戰爭迎來頹勢》（*Less Safe, Less Free: Why America is Losing the War on Terror*）；Craig Barlow，《法院之友》中的《憲法之樹：伸出樹枝》（"The Constitutional Tree: Rendering the Branches," *Amicus Curiae*）；David Cole，2007 年 12 月 6 日《紐約書評》中的《酷刑背後的男人》（The Man Behind the Torture）；Stephen Grey，《幽靈飛機》（*Ghost Plane*）；*El Masri v Tenet* 437 F Supp 2d 530, 2007 US App LEXIS 4796

24. David Cole 和 Jules Lobel，《更不安全，更不自由：為何美國的反恐戰爭迎來頹勢》

25. 見 Irwin Cotler，《2007 年拉烏爾・瓦倫貝里國際人權學術研討會：會議議程》中的《歷史的教訓》，（"Lessons of History,"

2007 Raoul Wallenberg International Human Rights Symposium: Conference Proceedings）；見 5；見 24；Stephen Grey，《幽靈飛機》

26. 見 16；見 Stephen Grey，《幽靈飛機》

27. *R (Al-Rawi and others) v Secretary of State for Foreign and Commonwealth Affairs and another (United Nations High Commissoner for Refugees intervening)* [2006] EWCA Civ 1279, [2008] QB 289

28. 見 16，結論 Y（conclusion Y）

29. 《政府對〈情報和安全委員會關於引渡的報告〉之回應》（Government Response to the Intelligence and Security Committee Report on Rendition [Cm. 7171, July 2007]）

30. 見第 5 章 15

31. 見 24

32. 見 14 中的《反恐力量：在開放社會調和安全與自由》

33. 見第 5 章 15

34. 見 24

35. David Cole，《英國人做得更好》（The Brits Do It Better）

36. Conor Gearty，2005 年 11 月 18 日《衛報》

37. Sarah Mendelson，2008 年 9 月《戰略與國際研究中心人權、安全行動及關塔那摩與拘禁政策工作組報告》中的《關閉關塔那摩》（*Closing Guantánamo*, Report of the CSIS Human Rights and Security Initiative and the Working Group on Guantánamo and Detention Policy）

38. 見第 5 章 15

39. 見 24

40. 542 US 466 (2004)

41. 548 US 557 (2006)

42. 《歐洲人權法律評論》中的《為榮譽捍衞自由？關塔那摩灣立法及反恐戰爭中的基本價值之戰》("Honour Bound to Defend Freedom? The Guantanamo Bay Legislation and the Fight for Fundamental Values in the War on Terror," *European Human Rights Law Review*)

43. 553 US (2008)

44. *R v Governor of Durham Prison, ex p. Hardial Singh* [1984] 1 WLR 704

45. (1996) 23 EHRR 413

46. 見 8

47. 見第 5 章 13

48. 見 8

49. 見第 7 章 17

50. 見第 9 章 38; *Secretary of State for the Home Department v E and another* [2007] UKHL 47, [2008] 1 AC 499

51. 見 5

52. 1984 年《警察與刑事證據法》(the Police and Criminal Evidence Act 1984)

53. 2000 年《恐怖主義法案》附頁 8

54. 2000 年《恐怖主義法案》附頁 8，為 2003 年《刑事審判法》(the Criminal Justice Act 2003) 第 306 節修改。

55. 2000 年《恐怖主義法案》附頁 8，為 2006 年《恐怖主義法案》第 23 節修改。

56. Eric Metcalfe，《公正》中的《反恐與人權的未來》(The Future of Counter-Terrorism and Human Rights)

57. *Charkaoui v Minister of Citizenship and Immigration and Minister of Public Safety and Emergency Preparedness* [2007] SCC 9, 276 DLR

(4th) 594

58. 同上

59. 同上

60. 同上

61. 這是 Cole 在《敵僑》中提出的論點。

62. *Detroit Free Press v Ashcroft* 303 F 30 681, 683 (6th Cir. 2002)

63. 見 24

64. 548 US 557 (2006)

65. David Luban，《2007 年拉烏爾‧瓦倫貝裡國際人權學術研討會：會議議程》中的《酷刑取得的證據》（Tortured Evidence）

66. 見 24

67. 同上

68. 同上；Andrew Sullivan，2006 年 1 月 16 日《時代》中的《我們不需要一個新的英王喬治》（"We Don't Need a New King George," *Time*）

69. 見 65

70. 同上

71. 見 5

72. 見第 7 章 12

73. *Selmouni v France* (1999) 29 EHRR 403

74. *A v Secretary of State for the Home Department* (No. 2) [2005] UKHL 71, [2006] 2 AC 221

75. Hansard, H.C., 24 May 2007, col. 1433

76. 2006 年 1 月 24 日，*Ramzy v Netherlands* 案中，《英國政府機關致歐洲人權法院的信》（Letter of UK Government Agent to the European Court of Human Rights）

77. *Saadi v Italy* [2007] 44 EHRR 50

78. 同上

79. 見 56；見 8

80. *RB (Algeria) v Secretary of State for the Home Department, OO (Jordan) v Secretary of State for the Home Department* [2009] UKHL 10, 2009 年 2 月 18 日

81. *Agiza v Sweden,* Communication No. 233/2003, UN Doc CAT/C/34/D/233/2003 (2005)

82. 見 24

83. 同上；*ACLU v NSA/Central Sec. Ser.* 438 F. Supp. 2d 754 (E D Mich 2006)

84. 1977 年 5 月 19 日訪談

85. 見 24

86. 同上

87. 1985 年《截取通訊法案》

88. 《2006 年通信監聽專員報告》（Report of the Interception of Communications Commissioner [The Rt. Hon. Sir Paul Kennedy] for 2006, HC 252）

89. Henry Porter，2008 年 3 月 9 日《觀察家報》中的《為甚麼我對國會説：你們未能為我們實現自由》（"Why I Told Parliament: You've Failed Us on Liberty," *Observer*）

90. Timothy Garton Ash，2007 年 11 月 15 日《衛報》中的《恐怖主義威脅並不是剝奪我等自由的正當理由》（The Threat from Terrorism Does not Justify Slicing Away Our Freedoms）

91. 2008 年 7 月 20 日《星期日泰晤士報》中的《國家闖入你家的 1000 種方法》（The 1000 Ways the State Can Break into Your Home）

92. 見 90

93. 見 89

94. 《人權與反恐準則》(Guidelines on Human Rights and the Fight Against Terrorism)，於 2002 年 7 月 11 日在第 804 屆部長代表大會（the 804th Meeting of the Ministers' Deputies）上為（歐盟）部長理事會（the Committee of Ministers）採用

95. 《柏林宣言：國際法學家委員會關於反恐時維護人權與法治的宣言》(the Berlin Declaration: the ICJ Declaration on Upholding Human Rights and the Rule of Law in Combating Terrorism)

96. C. Dawson，《國家的判斷》(*The Judgement of the Nations*)

12

1. Anthony Trollope，《西印度羣島和西班牙大陸》(*The West Indies and the Spanish Main*)

2. 2006 年哈姆林講座，《法律至上：歐洲之路》(*The Sovereignty of Law: The European Way*) 出版於 2007 年

3. 同上

4. Vernon Bogdanor，2006 年 6 月 15 日馬格娜・卡塔講座（Magna Carta Lecture），《「國會至上」還是「法律至上」？》(The Sovereignty of Parliament or the Rule of Law?)

5. Professor T. R. S. Allan 尤其顯得引人注目：《法律、自由和正義：英國立憲制度的法律基礎》(*Law, Liberty and Justice: The Legal Foundations of British Constitution*) 及《法律評論季刊》中的《國會至上：法律、政治和革命》(Parliamentary Sovereignty: Law, Politics, and Revolution)

6. Lord Woolf, "Droit Public — English Style," (1995) PL 57，雖然此番言論之後經過修飾（《法律評論季刊》中的《違憲審查 ——

行政與司法間的劍拔弩張》["Judicial Review — the Tension Between the Executive and the Judiciary]；Sir John Laws, "Law and Democracy," (1995) PL 72 及 "The Constitution, Morals and Rights," (1996) PL 622

7. *R (Jackson) v Attorney General* [2005] UKHL 56, [2006] 1 AC 262

8. Vernon Bogdanor，《政治與憲法：論英政府》(*Politics and the Constitution: Essays on the British Government*)；《法律評論季刊》中的《我們的新憲法》(Our New Constitution)

9. J. L. De Lolme，《英格蘭憲法，或英政府記事》(*The Constitution of England, or An Account of the English Government*)

10. 見第 1 章 6

11. *Pickin v British Railways Board* [1974] AC 765；見 7

12. *Salomon v Commissioners of Customs and Excise* [1967] 2 QB 116, 143

13. 這些例子由 F. A. Mann（《法律評論季刊》中的《不列顛權利法案》[Britain's Bill of Rights]）和 T. R. S. Allan（《法律、自由和正義：英國立憲制度的法律基礎》）舉出，之後為 J. Goldsworthy 引用（《國會至上》[The Sovereignty of Parliament]）。

14. (1610) 8 Co Rep 113b, 118a; 77 ER 646, 652

15. J. Goldsworthy，《國會至上》

16. 同上

17. 同上

18. 同上

19. 同上

20. 同上

21. *Ex p. Canon Selwyn* (1872) 36 JP 54

22. J. J. Park，《憲法教條：憲法理論與實踐四講》(*The Dogmas of*

the Constitution: Four Lectures on the Theory and Practice of the Constitution）

23. William Rawle，《美國憲法綜觀》（*View of the Constitution of the United States*）

24. 見第 3 章 25

25. *R v Secretary of State for Transport, ex p. Factortame Ltd. (No. 2)* [1991] 1 AC 603; *R v Secretary of State for Employment, ex p. Equal Opportunities Commission* [1995] 1 AC 1

26. 1998 年《人權法案》

27. "Rights Brought Home," Cm. 3782

28. 第 5 章 13

29. 1998 年《北愛爾蘭法案》第 5 節第（6）條。因為威爾士議會（the Welsh Assembly）沒有立法權，1998 年《威爾士政府法案》（the Government of Wales Act 1998）中並無同等規定。

30. 見 7

31. 見 15；Tom Mullen，《法律研究》中的《思傑克遜訴總檢察長案：質疑至高無上權》（"Reflections on *Jackson v Attorney General: Questioning Sovereignty*," *Legal Studies*）

32. 見 7

33. 同上

34. 同上

35. 同上。Lord Carswell 也稱「國會至上」原則是「司法產物」。

36. Richard Ekins，《法律評論季刊》中的《國會立法和國會法》（Acts of Parliament and the Parliament Acts）

37. H. L. A. Hart，《法律概念》（*The Concept of Law*）；見 15

38. 同上

39. 同上

40. Lord Woolf，《追尋正義》中的《法治與憲法變動》（"The Rule of Law and a Change in the Constitution," *The Pursuit of Justice*）

41. Lord Denman，《愛丁堡評論》中的《國會與法庭》（"Parliament and the Courts," *Edinburgh Review*）

42. 本章大部分基於一場 2007 年 10 月 31 日發表於倫敦英皇書院的紀念演說。參見《英皇法律評論》（*King's Law Review*）

後記

1. 律商聯訊（LexisNexis，2009）

2. 《法治》（*Rule of Law*）

3. 同上

4. 同上

5. 同上

6. 同上

7. 同上

8. 《雅各書》（*Epistle of James*, 1:22）